新法シリーズ法案編 1

衆議院選挙の格差
緊急是正改正法（案）

正　文

閣法51平成25年５月１日現在衆議院

信山社
ブックス
7061-7-01011

《法案提出の理由》

＊衆議院議員選挙区画定審議会（区割り審）が行った衆議院小選挙区選出議員の選挙区の改定案についての勧告（選挙区間の人口較差を緊急に是正）を受けて、衆議院小選挙区選出議員の選挙区の改定を行う等の必要がある。これが、この法律案を提出する理由である。

衆議院小選挙区選出議員の選挙区間における人口較差を緊急に是正するための公職選挙法及び衆議院議員選挙区画定審議会設置法の一部を改正する法律の一部を改正する法律案

衆議院小選挙区選出議員の選挙区間における人口較差を緊急に是正するための公職選挙法及び衆議院議員選挙区画定審議会設置法の一部を改正する法律の一部を改正する法律

衆議院小選挙区選出議員の選挙区間における人口較差を緊急に是正するための公職選挙法及び衆議院議員選挙区画定審議会設置法の一部を改正する法律（平成二十四年法律第九十五号）の一部を次のように改正する。

第二条中公職選挙法（昭和二十五年法律第百号）第十三条の改正規定を削る。

第二条中公職選挙法別表第一の改正規定を次のように改める。

別表第一を次のように改める。

別表第一（第十三条関係）

北海道

第一区	札幌市　中央区　南区　西区
第二区	札幌市

北区
東区
第三区
札幌市
白石区
豊平区
清田区
第四区
札幌市
手稲区
小樽市
北海道後志総合振興局管内
第五区
札幌市
厚別区
江別市
千歳市
恵庭市
北広島市
石狩市
北海道石狩振興局管内
第六区
旭川市
士別市
名寄市
富良野市

北海道上川総合振興局管内

鷹栖町
東神楽町
当麻町
比布町
愛別町
上川町
東川町
美瑛町
上富良野町
中富良野町
南富良野町
占冠村
和寒町
剣淵町
下川町
美深町
音威子府村
中川町

第七区

釧路市
根室市
北海道釧路総合振興局管内
北海道根室振興局管内

第八区

函館市

北斗市
北海道渡島総合振興局管内
北海道檜山振興局管内
第九区
室蘭市
苫小牧市
登別市
伊達市
北海道胆振総合振興局管内
北海道日高振興局管内
第十区
夕張市
岩見沢市
留萌市
美唄市
芦別市
赤平市
三笠市
滝川市
砂川市
歌志内市
深川市
北海道空知総合振興局管内
北海道上川総合振興局管内
　幌加内町
北海道留萌振興局管内

北海道宗谷総合振興局管内
幌延町
第十一区
帯広市
北海道十勝総合振興局管内
第十二区
北見市
網走市
稚内市
紋別市
北海道宗谷総合振興局管内
猿払村
浜頓別町
中頓別町
枝幸町
豊富町
礼文町
利尻町
利尻富士町
北海道オホーツク総合振興局管内
青森県
第一区
青森市
本庁管内
横内支所管内
浜館支所管内

奥内支所管内
原別支所管内
後潟支所管内
野内支所管内
五所川原市
東津軽郡
北津軽郡

第二区

十和田市
三沢市
むつ市
上北郡
下北郡
三戸郡
五戸町

第三区

八戸市
三戸郡
三戸町
田子町
南部町
階上町
新郷村

第四区

青森市
第一区に属しない区域

弘前市
黒石市
つがる市
平川市
西津軽郡
中津軽郡
南津軽郡

岩手県

第一区

盛岡市
本庁管内
盛岡市役所青山支所管内
盛岡市役所簗川支所管内
盛岡市役所太田支所管内
盛岡市役所繋支所管内
盛岡市役所都南総合支所管内
紫波郡

第二区

盛岡市
第一区に属しない区域
宮古市
久慈市
二戸市
八幡平市
岩手郡
下閉伊郡

岩泉町
田野畑村
普代村
九戸郡
二戸郡

第三区

大船渡市
遠野市
一関市
陸前高田市
釜石市
西磐井郡
気仙郡

上閉伊郡
下閉伊郡
山田町

第四区

花巻市
北上市
奥州市
和賀郡
胆沢郡

宮城県

第一区

仙台市
青葉区

太白区

第二区

仙台市

宮城野区

若林区

泉区

第三区

白石市

名取市

角田市

岩沼市

刈田郡

柴田郡

伊具郡

亘理郡

第四区

塩竈市

多賀城市

宮城郡

黒川郡

加美郡

第五区

石巻市

東松島市

大崎市

大崎市松山総合支所管内

大崎市三本木総合支所管内
大崎市鹿島台総合支所管内
大崎市田尻総合支所管内
遠田郡
牡鹿郡

第六区

気仙沼市
登米市
栗原市
大崎市
第五区に属しない区域
本吉郡

秋田県

第一区

秋田市

第二区

能代市
大館市
男鹿市
鹿角市
潟上市
北秋田市
鹿角郡
北秋田郡
山本郡
南秋田郡

第三区

横手市
湯沢市
由利本荘市
大仙市
にかほ市
仙北市
仙北郡
雄勝郡

山形県

第一区

山形市
上山市
天童市
東村山郡

第二区

米沢市
寒河江市
村山市
長井市
東根市
尾花沢市
南陽市
西村山郡
北村山郡
東置賜郡

西置賜郡

第三区

鶴岡市
酒田市
新庄市
最上郡
東田川郡
飽海郡

福島県

第一区

福島市
相馬市
南相馬市
伊達市
伊達郡
相馬郡

第二区

郡山市
二本松市
本宮市
安達郡

第三区

白河市
須賀川市
田村市
岩瀬郡

西白河郡
東白川郡
石川郡
田村郡

第四区

会津若松市
喜多方市
南会津郡
耶麻郡
河沼郡
大沼郡

第五区

いわき市
双葉郡

茨城県

第一区

水戸市

本庁管内
水戸市役所赤塚出張所管内
水戸市役所常澄出張所管内

下妻市

下妻、長塚、砂沼新田、坂本新田、大木新田、石の宮、堀篭、坂井、比毛、横根、平川戸、北大宝、大宝、大串、平沼、福田、下木戸、神明、若柳、下宮、数須、筑波島、下田、中郷、黒駒、江、平方、尻手、渋井、桐ヶ瀬、前河原、赤須、柴、半谷、大木、南原、上野、関本下、袋畑、古沢、小島、二本紀、今泉、中居指、新堀、加養、亀崎、樋橋、肘谷、山尻、谷田部、柳原、安食、高道祖、本城町一丁目、本城町二丁目、本城町三丁目、小野子町一丁目、小野子町二丁目、本宿町一丁目、本宿町二丁目、田町一丁目、田町二丁目

笠　間　市

　笠間市役所笠間支所管内

常陸大宮市

　御前山総合支所管内

筑　西　市

桜　川　市

東茨城郡

　城里町

第　二　区

水　戸　市

　第一区に属しない区域

笠　間　市

　第一区に属しない区域

鹿　嶋　市

潮　来　市

神　栖　市

行　方　市

鉾　田　市

小美玉市

本庁管内

小美玉市役所小川総合支所管内

東茨城郡

茨城町

大洗町

第三区

龍ケ崎市

取手市

牛久市

守谷市

稲敷市

稲敷郡

北相馬郡

第四区

常陸太田市

ひたちなか市

常陸大宮市

第一区に属しない区域

那珂市

久慈郡

第五区

日立市

高萩市

北茨城市

那珂郡

第六区

土浦市

石岡市

つくば市

かすみがうら市

つくばみらい市

小美玉市

第二区に属しない区域

第七区

古河市

結城市

下妻市

第一区に属しない区域

常総市

坂東市

結城郡

猿島郡

栃木県

第一区

宇都宮市

本庁管内

宇都宮市平石地区市民センター管内

宇都宮市清原地区市民センター管内

宇都宮市横川地区市民センター管内

宇都宮市瑞穂野地区市民センター管内

宇都宮市城山地区市民センター管内

宇都宮市国本地区市民センター管内

宇都宮市富屋地区市民センター管内

宇都宮市豊郷地区市民センター管内

宇都宮市篠井地区市民センター管内

宇都宮市姿川地区市民センター管内

宇都宮市雀宮地区市民センター管内

宇都宮市役所宝木出張所管内

宇都宮市役所陽南出張所管内

下野市

薬師寺、成田、町田、谷地賀、下文狹、田中、仁良川、本吉田、別当河原、下吉田、磯部、中川島、上川島、上吉田、三王山、絹板、花田、下坪山、上坪山、東根、祇園一丁目、祇園二丁目、祇園三丁目、祇園四丁目、祇園五丁目、緑一丁目、緑二丁目、緑三丁目、緑四丁目、緑五丁目、緑六丁目

河内郡

第二区

宇都宮市

第一区に属しない区域

栃木市

西方町

鹿沼市

日光市

さくら市

塩谷郡

第三区
大田原市
矢板市
那須塩原市
那須烏山市
那須郡
第四区
栃木市
　大平町
　藤岡町
　都賀町
小山市
真岡市
下野市
　第一区に属しない区域
芳賀郡
下都賀郡
第五区
足利市
栃木市
　第二区及び第四区に属しない区域
佐野市
　群馬県
第一区
前橋市
桐生市

新里支所管内
黒保根支所管内
沼田市
渋川市
渋川市赤城総合支所管内
渋川市北橘総合支所管内
みどり市
みどり市東支所管内
利根郡
第二区
桐生市
第一区に属しない区域
伊勢崎市

太田市
藪塚町、山之神町、寄合町、大原町、六千石町、大久保町
みどり市
第一区に属しない区域
佐波郡
第三区
太田市
第二区に属しない区域
館林市
邑楽郡
第四区
高崎市

本庁管内
高崎市新町支所管内
高崎市吉井支所管内
藤岡市
多野郡
第五区
高崎市
第四区に属しない区域
渋川市
第一区に属しない区域
富岡市
安中市
北群馬郡

甘楽郡
吾妻郡
埼玉県
第一区
さいたま市
見沼区
浦和区
緑区
岩槻区
第二区
川口市
第三区
草加市

越谷市

第四区

朝霞市

志木市

和光市

新座市

第五区

さいたま市

西区

北区

大宮区

中央区

第六区

鴻巣市

本庁管内

吹上支所管内

上尾市

桶川市

北本市

北足立郡

第七区

川越市

富士見市

ふじみ野市

本庁管内

第八区

所沢市
ふじみ野市
第七区に属しない区域
入間郡
三芳町
第九区
飯能市
狭山市
入間市
日高市
入間郡
毛呂山町
越生町

第十区
東松山市
坂戸市
鶴ヶ島市
比企郡
第十一区
熊谷市
熊谷市役所江南行政センター管内
秩父市
本庄市
深谷市
秩父郡
児玉郡

大里郡

第十二区

熊谷市

第十一区に属しない区域

行田市

加須市

羽生市

鴻巣市

第六区に属しない区域

第十三区

春日部市

赤沼、一ノ割、一ノ割一丁目、一ノ割二丁目、一ノ割三丁目、一ノ割四丁目、牛島、内牧、梅田、梅田一丁目、梅田二丁目、梅田三丁目、梅田本町一丁目、梅田本町二丁目、大枝、大沼一丁目、大沼二丁目、大沼三丁目、大沼四丁目、大沼五丁目、大沼六丁目、大沼七丁目、大場、大畑、粕壁、粕壁一丁目、粕壁二丁目、粕壁三丁目、粕壁四丁目、粕壁東一丁目、粕壁東二丁目、粕壁東三丁目、粕壁東四丁目、粕壁東五丁目、粕壁東六丁目、上大増新田、上蛭田、小渕、栄町一丁目、栄町二丁目、栄町三丁目、下大増新田、下蛭田、新川、薄谷、千間一丁目、中央一丁目、中央二丁目、中央三丁目、中央四丁目、中央五丁目、中央六丁目、中央七丁目、中央八丁目、銚子口、道口蛭田、道順川戸、豊野町一丁目、豊野町二丁目、豊野町三丁目、武里中野、新方袋、西八木崎一丁目、西八木崎二丁目、西八木崎三丁目、八丁目、花積、浜川戸一丁目、浜川戸二丁目、樋掘、樋籠、備後西一丁目、備後西二丁目、備後西三丁目、備後西四丁目、備後西五丁目、備後東一丁目、備後東二丁目、備後東三丁目、備後東四丁目、備後東五丁目、備後東六丁目、備後東七丁目、備後東八丁目、藤塚、不動院野、本田町一丁目、本田町二丁目、増富、増戸、増田新田、緑町一丁目、緑町二丁目、緑町三丁目、緑町四丁目、緑町五丁目、緑町六丁目、南一丁目、南二丁目、南三丁目、南四丁目、南五丁目、南栄町、南中曽根、八木崎町、谷原一丁目、谷原二丁目、谷原三丁目、谷原新田、豊町一丁目、豊町二丁目、豊町三丁目、豊町四丁目、豊町五丁目、豊町六丁目、六軒町

久喜市

本庁管内

久喜市菖蒲総合支所管内

蓮田市

白岡市

南埼玉郡

第十四区

春日部市

第十三区に属しない区域

久喜市

第十三区に属しない区域

八潮市

三郷市

幸手市

吉川市

北葛飾郡

第十五区

さいたま市

桜区

南区

蕨市

戸田市

千葉県

第一区

千葉市

中央区

稲毛区

美浜区

第二区

千葉市

花見川区

習志野市

八千代市

第三区

千葉市

緑区

市原市

第四区

船橋市

本庁管内

船橋市二宮出張所管内

船橋市芝山出張所管内

船橋市高根台出張所管内

船橋市習志野台出張所管内

船橋市西船橋出張所管内

船橋市船橋駅前総合窓口センター管内

第五区

市川市

本庁管内

市川一丁目、市川二丁目、市川三丁目、市川南一丁目、市川南二丁目、市川南三丁目、市川南四丁目、市川南五丁目、真間一丁目、真間二丁目、真間三丁目、新田一丁目、新田二丁目、新田三丁目、新田四丁目、新田五丁目、平田一丁目、平田二丁目、平田三丁目、平田四丁目、大洲一丁目、大洲二丁目、大洲三丁目、大洲四丁目、大和田一丁目、大和田二丁目、大和田三丁目、大和田四丁目、大和田五丁目、東大和田一丁目、東大和田二丁目、稲荷木一丁目、稲荷木二丁目、稲荷木三丁目、八幡一丁目、八幡二丁目、八幡三丁目、八幡四丁目、八幡五丁目、八幡六丁目、南八幡一丁目、南八幡二丁目、南八幡三丁目、南八幡四丁目、南八幡五丁目、菅野一丁目、菅野二丁目、菅野三丁目、菅野四丁目、菅野五丁目、菅野六丁目、東菅野一丁目、東菅野二丁目、東菅野三丁目、鬼越一丁目、鬼越二丁目、鬼高一丁目、鬼高二丁目、鬼高三丁目、鬼高四丁目、高石神、中山一丁目、中山二丁目、中山三丁目、中山四丁目、若宮一丁目、若宮二丁目、若宮三丁目、北方一丁目、北方二丁目、北方三丁目、本北方一丁目、本北方二丁目、本北方三丁目、北方町四丁目、東浜一丁目、田尻、田尻一丁目、田尻二丁目、田尻三丁目、田尻四丁目、田尻五丁目、高谷、高谷一丁目、高谷二丁目、高谷三丁目、高谷新町、原木、原木一丁目、原木二丁目、原木三丁目、原木四丁目、二俣、二俣一丁目、二俣二丁目、二俣新町、上妙典

行徳支所管内

浦安市

第六区

市川市

第五区に属しない区域

松　戸　市
本庁管内
常盤平支所管内
六実支所管内
矢切支所管内
東部支所管内
第　七　区
松　戸　市
第六区に属しない区域
野　田　市
流　山　市
第　八　区
柏　　市

本庁管内
田中出張所管内
増尾出張所管内
富勢出張所管内
光ケ丘出張所管内
豊四季台出張所管内
南部出張所管内
西原出張所管内
松葉出張所管内
藤心出張所管内
柏駅前行政サービスセンター管内
我孫子市
第　九　区

千葉市

若葉区

佐倉市

四街道市

八街市

第十区

銚子市

成田市

旭市

匝瑳市

香取市

香取郡

山武郡

横芝光町

篠本、新井、宝米、市野原、二又、小川台、台、傍示戸、富下、虫生、小田部、母子、芝崎、芝崎南、宮川、谷中、目篠、上原、原方、木戸、尾垂イ、尾垂ロ、篠本根切

第十一区

茂原市

東金市

勝浦市

山武市

いすみ市

大網白里市

山武郡
九十九里町
芝山町
横芝光町
第十区に属しない区域
長生郡
夷隅郡

第十二区
館山市
木更津市
鴨川市
君津市
富津市

袖ケ浦市
南房総市
安房郡

第十三区
船橋市
第四区に属しない区域
柏市
第八区に属しない区域
鎌ケ谷市
印西市
白井市
富里市
印旛郡

東京都

第一区

千代田区

港区

新宿区

第二区

中央区

文京区

台東区

第三区

品川区

大田区

大田区嶺町特別出張所管内

大田区田園調布特別出張所管内

大田区鵜の木特別出張所管内

大田区久が原特別出張所管内（池上三丁目に属する区域を除く。）

大田区雪谷特別出張所管内

大田区千束特別出張所管内

大田区矢口特別出張所管内（千鳥一丁目、千鳥二丁目及び千鳥三丁目に属する区域に限る。）

大島支庁管内

三宅支庁管内

八丈支庁管内

小笠原支庁管内

第四区

大田区

第三区に属しない区域

第五区

目黒区

世田谷区

世田谷区池尻まちづくりセンター管内

世田谷区下馬まちづくりセンター管内

世田谷区上馬まちづくりセンター管内

世田谷区奥沢まちづくりセンター管内

世田谷区九品仏まちづくりセンター管内

世田谷区等々力出張所管内

世田谷区上野毛まちづくりセンター管内

世田谷区用賀出張所管内

世田谷区深沢まちづくりセンター管内

第六区

世田谷区

第五区に属しない区域

第七区

渋谷区

中野区

第八区

杉並区

第九区

練馬区

豊玉上二丁目、豊玉中一丁目、豊玉中二丁

目、豊玉中三丁目、豊玉中四丁目、豊玉南一丁目、豊玉南二丁目、豊玉南三丁目、豊玉北三丁目、豊玉北四丁目、豊玉北五丁目、豊玉北六丁目、中村一丁目、中村二丁目、中村三丁目、中村南一丁目、中村南二丁目、中村南三丁目、中村北一丁目、中村北二丁目、中村北三丁目、中村北四丁目、練馬一丁目、練馬二丁目、練馬三丁目、練馬四丁目、向山一丁目、向山二丁目、向山三丁目、向山四丁目、貫井一丁目、貫井二丁目、貫井三丁目、貫井四丁目、貫井五丁目、春日町一丁目、春日町二丁目、春日町三丁目、春日町四丁目、春日町五丁目、春日町六丁目、高松一丁目、高松二丁目、高松三丁目、高松四丁目、高松五丁目、高松六丁目、田柄三丁目（十四番から三十番までを除く。）、田柄五丁目（二十一番から二十八番までを除く。）、光が丘二丁目、光が丘三丁目、光が丘四丁目、光が丘五丁目、光が丘六丁目、光が丘七丁目、旭町一丁目、旭町二丁目、旭町三丁目、土支田一丁目、土支田二丁目、土支田三丁目、土支田四丁目、富士見台一丁目、富士見台二丁目、富士見台三丁目、富士見台四丁目、南田中一丁目、南田中二丁目、南田中三丁目、南田中四丁目、南田中五丁目、高野台一丁目、高野台二丁目、高野台三丁目、高野台四丁目、高野台五丁目、谷原一丁目、谷原二丁目、谷原三丁目、谷原四丁目、谷原五丁目、谷原六丁目、三原台一丁目、三原台二丁目、三原台三丁目、石神井町一丁目、石神井町二丁目、石神井町三丁目、石神井町四丁目、石神井町五丁目、石神井町六丁目、石神井町七丁目、石神井町八丁目、石神井台一丁目、石神井台二丁目、石神井台三丁目、石神井台四丁目、石神井台五丁目、石神井台六丁目、石神井台七丁目、石神井台八丁目、下石神井一丁目、下石神井二丁目、下石神井三丁目、下石神井四丁目、下石神井五丁目、下石神井六丁目、東大泉一丁目、東大泉二丁目、東大泉三丁目、

東大泉四丁目、東大泉五丁目、東大泉六丁目、東大泉七丁目、西大泉町、西大泉一丁目、西大泉二丁目、西大泉三丁目、西大泉四丁目、西大泉五丁目、西大泉六丁目、南大泉一丁目、南大泉二丁目、南大泉三丁目、南大泉四丁目、南大泉五丁目、南大泉六丁目、大泉町一丁目、大泉町二丁目、大泉町三丁目、大泉町四丁目、大泉町五丁目、大泉町六丁目、大泉学園町一丁目、大泉学園町二丁目、大泉学園町三丁目、大泉学園町四丁目、大泉学園町五丁目、大泉学園町六丁目、大泉学園町七丁目、大泉学園町八丁目、大泉学園町九丁目、関町北一丁目、関町北二丁目、関町北

三丁目、関町北四丁目、関町北五丁目、関町南一丁目、関町南二丁目、関町南三丁目、関町南四丁目、上石神井南町、立野町、上石神井一丁目、上石神井二丁目、上石神井三丁目、上石神井四丁目、関町東一丁目、関町東二丁目

第十区

豊島区

練馬区

第九区に属しない区域

板橋区

第十一区

第十二区

北区

足立区

入谷町、入谷一丁目、入谷二丁目、入谷三丁目、入谷四丁目、入谷五丁目、入谷六丁目、入谷七丁目、入谷八丁目、入谷九丁目、扇一丁目、扇二丁目、扇三丁目、興野一丁目、興野二丁目、小台一丁目、小台二丁目、加賀一丁目、加賀二丁目、江北一丁目、江北二丁目、江北三丁目、江北四丁目、江北五丁目、江北六丁目、江北七丁目、皿沼一丁目、皿沼二丁目、皿沼三丁目、鹿浜一丁目、鹿浜二丁目、鹿浜三丁目、鹿浜四丁目、鹿浜五丁目、鹿浜六丁目、鹿浜七丁目、鹿浜八丁目、新田

一丁目、新田二丁目、新田三丁目、椿一丁目、椿二丁目、舎人公園、舎人町、舎人一丁目、舎人二丁目、舎人三丁目、舎人四丁目、舎人五丁目、舎人六丁目、西新井栄町三丁目、西新井本町一丁目、西新井本町二丁目、西新井本町三丁目、西新井本町四丁目、西新井本町五丁目、堀之内一丁目、堀之内二丁目、宮城一丁目、宮城二丁目、本木北町、本木西町、本木東町、本木南町、本木一丁目、本木二丁目、谷在家二丁目、谷在家三丁目

第十三区

足立区

第十二区に属しない区域

第十四区

墨田区

荒川区

第十五区

江東区

第十六区

江戸川区

本庁管内（上一色三丁目に属する区域を除く。）

江戸川区小松川事務所管内

江戸川区葛西事務所管内

江戸川区東部事務所管内

江戸川区鹿骨事務所管内

第十七区

葛飾区

江戸川区

第十六区に属しない区域

第十八区

武蔵野市

府中市

小金井市

第十九区

小平市

国分寺市

国立市

西東京市

第二十区

東村山市

東大和市

清瀬市

東久留米市

武蔵村山市

第二十一区

立川市

昭島市

日野市

第二十二区

三鷹市

調布市

狛江市
稲城市

第二十三区

町田市
多摩市

第二十四区

八王子市

第二十五区

青梅市
福生市
羽村市
あきる野市
西多摩郡

神奈川県

第一区

横浜市
中区
磯子区
金沢区

第二区

横浜市
西区
南区
港南区

第三区

横浜市

鶴見区
神奈川区

第四区

横浜市
栄区
鎌倉市
逗子市
三浦郡

第五区

横浜市
戸塚区
泉区
瀬谷区

第六区

横浜市
保土ケ谷区
旭区

第七区

横浜市
港北区
都筑区

第八区

横浜市
緑区
青葉区

第九区

川崎市

多摩区

麻生区

第十区

川崎市

川崎区

幸区

中原区

新丸子町、新丸子東一丁目、新丸子東二丁目、新丸子東三丁目、丸子通一丁目、丸子通二丁目、上丸子山王町一丁目、上丸子山王町二丁目、上丸子八幡町、上丸子天神町、小杉町一丁目、小杉町二丁目、小杉町三丁目、小杉御殿町一丁目、小杉御殿町二丁目、小杉陣屋町一丁目、小杉陣屋町二丁目、等々力、木月一丁目、木月二丁目、木月三丁目、木月四丁目、西加瀬、木月祇園町、木月伊勢町、木月大町、木月住吉町、苅宿、大倉町、市ノ坪、今井上町、今井仲町、今井南町、今井、今井西町、井田一丁目、井田二丁目、井田三丁目、井田三舞町、井田杉山町、井田中ノ町、上平間、田尻町、北谷町、中丸子、下沼部、上丸子、小杉

第十一区

横須賀市

三浦市

第十二区

藤沢市

高座郡

第十三区

大和市

海老名市

座間市

綾瀬市

第十四区

相模原市

緑区

相原、相原一丁目、相原二丁目、相原三丁目、相原四丁目、相原五丁目、相原六丁目、大島、大山町、上九沢、下九沢、田名、西橋本一丁目、西橋本二丁目、西橋本三丁目、西橋本四丁目、西橋本五丁目、二本松一丁目、二本松二丁目、二本松三丁目、二本松四丁目、橋本一丁目、橋本二丁目、橋本三丁目、橋本四丁目、橋本五丁目、橋本六丁目、橋本七丁目、橋本八丁目、橋本台一丁目、橋本台二丁目、橋本台三丁目、橋本台四丁目、東橋本一丁目、東橋本二丁目、東橋本三丁目、東橋本四丁目、元橋本町

中央区

南　区

旭町、鵜野森一丁目、鵜野森二丁目、鵜野森三丁目、大野台一丁目、大野台二丁目、大野台三丁目、大野台四丁目、大野台五丁目、大野台六丁目、大野台七丁目、大野台八丁目、上鶴間一丁目、上鶴間二丁目、上鶴間三丁目、上鶴間四丁目、上鶴間五丁目、上鶴間六丁目、上鶴間七丁目、上鶴間八丁目、上鶴間本町一丁目、上鶴間本町二丁目、上鶴間本町三丁目、上鶴間本町四丁目、上鶴間本町五丁目、上鶴間本町六丁目、上鶴間本町七丁目、上鶴間本町八丁目、上鶴間本町九丁目、古淵一丁目、古淵二丁目、古淵三丁目、古淵四丁目、古淵五丁目、古淵六丁目、栄町、相模大野一丁目、相模大野二丁目、相模大野三丁目、相模大野四丁目、相模大野五丁目、相模大野六丁目、相模大野七丁目、相模大野八丁目、相模大野九丁目、相南一丁目、相南二丁目、相南三丁目、相南四丁目、西大沼一丁目、西大沼二丁目、西大沼三丁目、西大沼四丁目、西大沼五丁目、東大沼一丁目、東大沼二丁目、東大沼三丁目、東大沼四丁目、東林間一丁目、東林間二丁目、東林間三丁目、東林間四丁目、東林間五丁目、東林間六丁目、東林間七丁目、東林間八丁目、文京一丁目、文京二丁目、松が枝町、御園一丁目、御園二丁目、御園三丁目、豊町、若松一丁目、若松二丁目、若松三丁目、若松四丁目、若松五丁目、若松六丁目

第十五区

平塚市

茅ヶ崎市

中郡

第十六区

相模原市

緑区

第十四区に属しない区域

南区

第十四区に属しない区域

厚木市

伊勢原市

愛甲郡

第十七区

小田原市

秦野市

南足柄市

足柄上郡

足柄下郡

第十八区

川崎市

中原区

第十区に属しない区域
高津区
宮前区
新潟県
第一区
新潟市
北区
本庁管内（細山に属する区域に限る。）
北区役所北出張所管内（すみれ野四丁目に属する区域を除く。）
東区
本庁管内
東区役所石山出張所管内（亀田中島四丁目に属する区域を除く。）
中央区
本庁管内
中央区役所東出張所管内
中央区役所南出張所管内（鵜ノ子及び亀田早通に属する区域を除く。）
江南区
本庁管内
天野、天野一丁目、天野二丁目、天野三丁目、粟山、姥ケ山、江口、大淵、祖父興野、嘉木、嘉瀬、上和田、北山、久蔵興野、蔵岡、酒屋町、笹山、三百地、鐘木、清五郎、曽川、楚川、曽野木一丁目、曽野木二丁目、太右エ門新田、俵柳、直り山、長潟、中野山、鍋潟新田、西野、西山、花ノ牧、平賀、細山、舞潟、松山、丸潟新田、丸山、丸山ノ内善之丞組、茗荷谷、山二ツ、両川一丁目、両川二丁目、和田、割野

南　区

本庁管内（天野に属する区域に限る。）

西　区

本庁管内

西区役所西出張所管内（四ツ郷屋及び與兵衛野新田に属する区域を除く。）

西区役所黒埼出張所管内

第二区

新潟市

南　区

南区役所味方出張所管内

南区役所月潟出張所管内

西　区

第一区に属しない区域

西蒲区

長岡市

本庁管内（西津町に属する区域のうち、平成十七年三月三十一日において三島郡越路町の区域であつた区域に限る。）

長岡市越路支所管内

長岡市三島支所管内
長岡市小国支所管内
長岡市和島支所管内
長岡市寺泊支所管内
長岡市与板支所管内
柏崎市
燕市
佐渡市
西蒲原郡
三島郡
刈羽郡

第三区

新潟市

北区

本庁管内（細山、小杉、十二前及び横越に属する区域を除く。）
北区役所北出張所管内（すみれ野四丁目に属する区域に限る。）
新発田市
村上市
五泉市
阿賀野市
胎内市
北蒲原郡
東蒲原郡
岩船郡

第四区

新潟市

北区

第一区及び第三区に属しない区域

東区

第一区に属しない区域

中央区

第一区に属しない区域

江南区

第一区に属しない区域

秋葉区

南区

第一区及び第二区に属しない区域

長岡市

長岡市中之島支所管内（押切川原町に属する区域のうち、平成十七年三月三十一日において長岡市の区域であつた区域を除く。）

長岡市栃尾支所管内

三条市

加茂市

見附市

南蒲原郡

第五区

長岡市

第二区及び第四区に属しない区域

小千谷市

魚沼市
南魚沼市
南魚沼郡

第六区
十日町市
糸魚川市
妙高市
上越市
中魚沼郡

富山県

第一区
富山市
本庁管内

第二区
富山市
第一区に属しない区域
魚津市
滑川市
黒部市
中新川郡
下新川郡

第三区
高岡市
氷見市
砺波市
小矢部市

南砺市
射水市
石川県
第一区
金沢市
第二区
小松市
加賀市
白山市
能美市
野々市市
能美郡
第三区

七尾市
輪島市
珠洲市
羽咋市
かほく市
河北郡
羽咋郡
鹿島郡
鳳珠郡
福井県
第一区
福井市
大野市

勝山市
あわら市
坂井市
吉田郡

第二区

敦賀市
小浜市
鯖江市
越前市
今立郡
南条郡
丹生郡
三方郡

大飯郡
三方上中郡

山梨県

第一区

甲府市
韮崎市
南アルプス市
北杜市
甲斐市
中央市
西八代郡
南巨摩郡
中巨摩郡

第二区

富士吉田市
都留市
山梨市
大月市
笛吹市
上野原市
甲州市
南都留郡
北都留郡

長野県

第一区

長野市

本庁管内
長野市篠ノ井支所管内
長野市松代支所管内
長野市若穂支所管内
長野市川中島支所管内
長野市更北支所管内
長野市七二会支所管内
長野市信更支所管内
長野市古里支所管内
長野市柳原支所管内
長野市浅川支所管内
長野市大豆島支所管内
長野市朝陽支所管内

長野市若槻支所管内
長野市長沼支所管内
長野市安茂里支所管内
長野市小田切支所管内
長野市芋井支所管内
長野市芹田支所管内
長野市古牧支所管内
長野市三輪支所管内
長野市吉田支所管内
須坂市
中野市
飯山市
上高井郡

下高井郡
下水内郡

第二区

長野市
　第一区に属しない区域
松本市
大町市
安曇野市
東筑摩郡
北安曇郡
上水内郡

第三区

上田市

小諸市
佐久市
千曲市
東御市
南佐久郡
北佐久郡
小県郡
埴科郡

第四区

岡谷市
諏訪市
茅野市
塩尻市

諏訪郡
木曽郡

第五区

飯田市
伊那市
駒ヶ根市
上伊那郡
下伊那郡

岐阜県

第一区

岐阜市

本庁管内

岐阜市役所西部事務所管内

岐阜市役所東部事務所管内
岐阜市役所北部事務所管内
岐阜市役所南部東事務所管内
岐阜市役所南部西事務所管内
岐阜市役所日光事務所管内

第二区

大垣市
海津市
養老郡
不破郡
安八郡
揖斐郡

第三区

岐阜市
　第一区に属しない区域
関市
美濃市
羽島市
各務原市
山県市
瑞穂市
本巣市
羽島郡
本巣郡

第四区

高山市

美濃加茂市
可児市
飛騨市
郡上市
下呂市
加茂郡
可児郡
大野郡

第五区

多治見市
中津川市
瑞浪市
恵那市

土岐市

静岡県

第一区

静岡市

葵区

本庁管内（瀬名川三丁目（五番二十五号及び五番五十号から五番五十九号までに限る。）に属する区域を除く。）

葵区役所井川支所管内

駿河区

本庁管内（谷田に属する区域のうち、平成十五年三月三十一日において清水市の区域であつた区域を除く。）

駿河区役所長田支所管内
清水区
本庁管内（楠（六百九十四番地一及び六百九十四番地三に限る。）に属する区域に限る。）

第二区
島田市
焼津市
藤枝市
御前崎市
御前崎支所管内
牧之原市
榛原郡

第三区
浜松市
天竜区
春野町領家、春野町堀之内、春野町胡桃平、春野町和泉平、春野町砂川、春野町大時、春野町長蔵寺、春野町石打松下、春野町田黒、春野町筏戸大上、春野町五和、春野町越木平、春野町田河内、春野町牧野、春野町花島、春野町杉、春野町川上、春野町宮川、春野町気田、春野町豊岡、春野町石切、春野町小俣京丸
磐田市
掛川市

袋井市
御前崎市
第二区に属しない区域
菊川市
周智郡
第四区
静岡市
葵区
第一区に属しない区域
駿河区
第一区に属しない区域
清水区
第一区に属しない区域

富士宮市
富士市
木島、岩淵、中之郷、南松野、北松野、中野台一丁目、中野台二丁目
第五区
三島市
富士市
第四区に属しない区域
御殿場市
裾野市
伊豆の国市
本庁管内
田方郡

駿東郡
小山町
第六区
沼津市
熱海市
伊東市
下田市
伊豆市
伊豆の国市
第五区に属しない区域
賀茂郡
駿東郡
清水町
長泉町
第七区
浜松市
中区（西丘町及び花川町に属する区域に限る。）
西区
南区（高塚町、増楽町、若林町及び東若林町に属する区域に限る。）
北区
浜北区
天竜区
第三区に属しない区域
湖西市

第八区

浜松市

中区

第七区に属しない区域

東区

南区

第七区に属しない区域

愛知県

第一区

名古屋市

東区

北区

西区

中区

第二区

名古屋市

千種区

守山区

名東区

第三区

名古屋市

昭和区

緑区

天白区

第四区

名古屋市

瑞穂区
熱田区
港区
南区

第五区

名古屋市
中村区
中川区
清須市
北名古屋市
西春日井郡

第六区

春日井市

犬山市
小牧市

第七区

瀬戸市
大府市
尾張旭市
豊明市
日進市
長久手市
愛知郡

第八区

半田市
常滑市

東海市
知多市
知多郡

第九区

一宮市

本庁管内

起、開明、上祖父江、北今、小信中島、三条、玉野、冨田、西五城、西中野、西中野番外、西萩原、蓮池、東五城、東加賀野井、明地、祐久、篭屋一丁目、篭屋二丁目、篭屋三丁目、篭屋四丁目、篭屋五丁目

津島市
稲沢市

愛西市
弥富市
あま市
海部郡

第十区

一宮市

第九区に属しない区域

江南市
岩倉市
丹羽郡

第十一区

豊田市

旭地域自治区

足助地域自治区
小原地域自治区
上郷地域自治区
挙母地域自治区
猿投地域自治区
下山地域自治区
高岡地域自治区
高橋地域自治区
藤岡地域自治区
松平地域自治区
みよし市

第十二区

岡崎市

西尾市
額田郡

第十三区

碧南市
刈谷市
安城市
知立市
高浜市

第十四区

豊川市
豊田市
第十一区に属しない区域
蒲郡市

新城市
北設楽郡

第十五区

豊橋市
田原市

三重県

第一区

津市
本庁管内
津市河芸総合支所管内
津市芸濃総合支所管内
津市美里総合支所管内
津市安濃総合支所管内
津市高野尾出張所管内
津市大里出張所管内
津市一身田出張所管内
津市白塚出張所管内
津市栗真出張所管内
津市安東出張所管内
津市櫛形出張所管内
津市片田出張所管内
津市神戸出張所管内
津市藤水出張所管内
津市高茶屋出張所管内
津市雲出出張所管内
名張市

伊賀市

第二区

四日市市

四日市市常磐地区市民センター管内

四日市市日永地区市民センター管内

四日市市四郷地区市民センター管内

四日市市内部地区市民センター管内

四日市市塩浜地区市民センター管内

四日市市小山田地区市民センター管内

四日市市川島地区市民センター管内

四日市市桜地区市民センター管内

四日市市河原田地区市民センター管内

四日市市水沢地区市民センター管内

四日市市中部地区市民センター管内

四日市市楠総合支所管内

鈴鹿市

亀山市

第三区

四日市市

第二区に属しない区域

桑名市

いなべ市

桑名郡

員弁郡

三重郡

第四区

津市
第一区に属しない区域
松阪市
多気郡

第五区

伊勢市
尾鷲市
鳥羽市
熊野市
志摩市
度会郡
北牟婁郡
南牟婁郡

滋賀県

第一区

大津市
高島市

第二区

彦根市
長浜市
東近江市
東近江市愛東支所管内
東近江市湖東支所管内
米原市
愛知郡
犬上郡

第三区
草津市
守山市
栗東市
野洲市
第四区
近江八幡市
甲賀市
湖南市
東近江市
第二区に属しない区域
蒲生郡
京都府

第一区
京都市
北区
上京区
中京区
下京区
南区
第二区
京都市
左京区
東山区
山科区
第三区

京都市
伏見区
向日市
長岡京市
乙訓郡

第四区

京都市
右京区
西京区
亀岡市
南丹市
船井郡

第五区

福知山市
舞鶴市
綾部市
宮津市
京丹後市
与謝郡

第六区

宇治市
城陽市
八幡市
京田辺市
木津川市
久世郡

綴喜郡
相楽郡
大阪府
第一区
大阪市
中央区
西区
港区
天王寺区
浪速区
生野区
第二区
大阪市

阿倍野区
東住吉区
平野区
第三区
大阪市
大正区
住之江区
住吉区
西成区
第四区
大阪市
北区
都島区

福島区
東成区
城東区

第五区

大阪市
此花区
西淀川区
淀川区
東淀川区

第六区

大阪市
旭区
鶴見区

守口市
門真市

第七区

吹田市
摂津市

第八区

豊中市

第九区

池田市
茨木市
箕面市
豊能郡

第十区

高槻市
三島郡
第十一区
枚方市
交野市
第十二区
寝屋川市
大東市
四條畷市
第十三区
東大阪市
第十四区
八尾市

柏原市
羽曳野市
藤井寺市
第十五区
堺市
美原区
富田林市
河内長野市
松原市
大阪狭山市
南河内郡
第十六区
堺市

堺区
東区
北区
第十七区
堺市
中区
西区
南区
第十八区
岸和田市
泉大津市
和泉市
高石市

泉北郡
第十九区
貝塚市
泉佐野市
泉南市
阪南市
泉南郡
兵庫県
第一区
神戸市
東灘区
灘区
中央区

第二区
神戸市
兵庫区
北区
長田区
第三区
神戸市
須磨区
垂水区
第四区
神戸市
西区
西脇市

三木市
小野市
加西市
加東市
多可郡
第五区
豊岡市
三田市
篠山市
養父市
丹波市
朝来市
川辺郡

美方郡

第六区

伊丹市

宝塚市

川西市

第七区

西宮市

芦屋市

第八区

尼崎市

第九区

明石市

洲本市

南あわじ市

淡路市

第十区

加古川市

高砂市

加古郡

第十一区

姫路市

相野、青山、青山一丁目、青山二丁目、青山三丁目、青山四丁目、青山五丁目、青山六丁目、青山北一丁目、青山北二丁目、青山北三丁目、青山西一丁目、青山西二丁目、青山西三丁目、青山西四丁目、青山西五丁目、青山南一丁目、青山南二丁目、青山南三丁目、青山南四丁目、朝日町、阿保、網干区網干浜、網干区大江島、網干区大江島寺前町、網干区大江島古川町、網干区興浜、網干区垣内北町、網干区垣内中町、網干区垣内西町、網干区垣内東町、網干区垣内本町、網干区垣内南町、網干区北新在家、網干区坂出、網干区坂上、網干区新在家、網干区田井、網干区高田、網干区津市場、網干区浜田、網干区福井、網干区宮内、網干区余子浜、網干区和久、嵐山町、飯田、飯田一丁目、飯田二丁目、飯田三丁目、生野町、石倉、市川台一丁目、市川台二丁目、市川台三丁目、市川橋通一丁目、市川橋通二丁目、市之郷、市之郷町一丁目、市之郷町二丁目、市之郷町三丁目、市之郷町四丁目、伊伝居、威徳寺町、井ノ口、今宿、岩端町、魚町、打越、梅ケ枝町、梅ケ谷町、駅前町、太市中、大塩町、大塩町汐咲一丁目、大塩町汐咲二丁目、大塩町汐咲三丁目、大塩町宮前、大津区恵美酒町一丁目、大津区恵美酒町二丁目、大津区大津町一丁目、大津区大津町二丁目、大津区大津町三丁目、大津区大津町四丁目、大津区勘兵衛町一丁目、大津区勘兵衛町二丁目、大津区勘兵衛町三丁目、大津区勘兵衛町四丁目、大津区勘兵衛町五丁目、大津区北天満町、大津区吉美、大津区新町一丁目、大津区新町二丁目、大津区天神町一丁目、大津区天神町二丁目、大津区天満、大津区長松、大津区西土井、大津区平松、大津区真砂町、大野町、岡田、岡町、奥山、鍵町、柿山伏、鍛冶町、片田町、刀出、刀出栄立町、勝原区朝日谷、勝原区大谷、勝原区勝原町、勝原区勝山町、勝原区熊見、勝原区下太田、勝原区宮田、勝原区山戸、勝原区丁、金屋町、兼田、上大野一丁目、上大野二丁目、上大野三丁目、上大野四丁目、上大野五丁目、上大野六丁目、上大野七丁目、上片町、上手野、神屋町、神屋町一丁目、神屋町二丁目、神屋町三丁目、神屋町四丁目、神屋町五丁目、神屋町六丁目、亀井町、亀山、亀山一丁目、亀山二丁目、川西、川西台、神田町一丁目、神田町二丁目、神田町三丁目、神田町四丁目、北今宿一丁目、北今宿二丁目、北今宿三丁目、北新在家一丁目、北新在家二丁目、北新在家三丁目、北原、北平野一丁目、北平野二丁目、北平野三丁目、北平野四丁目、北平野五丁目、北平野六丁目、北平野奥垣内、北平野台町、北平野南の町、北八代一丁目、北八代二丁目、北夢前台一丁目、北夢前台二丁目、木場、木場十八反町、木場前中町、木場前七反町、京口町、京町一丁目、京町二丁目、京町三丁目、楠町、久保町、栗山町、車崎一丁目、車崎二丁目、車崎三丁目、景福寺前、国府寺町、五軒邸一丁目、五軒邸二丁目、五軒邸三丁目、五軒邸四丁目、小姓町、琴岡町、古二階町、河間町、呉服町、米屋町、小利木町、五郎右衛門邸、紺屋町、西庄、材木町、幸町、堺町、坂田町、坂元町、定元町、三左衛門堀西の町、三左衛門堀東の町、三条町一丁目、三条町二丁目、塩町、飾磨区英賀、飾磨区英賀春日町一丁目、飾磨区英賀春日町二丁目、飾磨区英賀清水町一丁目、飾磨区英賀清水町二丁目、飾磨区英賀清水町三丁目、飾磨区英賀西町一丁目、飾磨区英賀西町二丁目、飾磨区英賀西町三丁目、飾磨区英賀東町一丁目、飾磨区英賀東町二丁目、飾磨区英賀保駅前町、飾磨区英賀宮台、飾磨区英賀宮町一丁目、飾磨区英賀宮町二丁目、飾磨区阿成、飾磨区阿成植木、飾磨区阿成鹿古、飾磨区阿成下垣内、飾磨区阿成中垣内、飾磨区阿成渡場、飾磨区今在家、飾磨区今在家二丁目、飾磨区今在家三丁目、飾磨区今在家四丁目、飾磨区今在家五丁目、飾磨区今在家六丁目、飾磨区今在家七丁目、飾磨区今在家北一丁目、飾磨区今在家北二丁目、飾磨区今在家北三丁目、飾磨区入船町、飾磨区恵美酒、飾磨区大浜、飾磨区粕谷新町、飾磨区構、飾磨区構一丁目、飾磨区構二丁目、飾磨区構三丁目、飾磨区構四丁目、飾磨区構五丁目、飾磨区鎌倉町、飾磨区上野田一丁目、飾磨区上野田二丁目、飾磨区上野田三丁目、飾磨区上野田四丁目、飾磨区上野田五丁目、飾磨区上野田六丁目、飾磨区亀山、飾磨区加茂、飾磨区加茂北、飾磨区加茂東、飾磨区加茂南、飾磨区御幸、飾磨区栄町、飾磨区三和町、飾磨区思案橋、飾磨区清水、飾磨区清水一丁目、飾磨区清水二丁目、飾磨区清水三丁目、飾磨区下野田一丁目、飾磨区下野田二丁目、飾磨区下野田三丁目、飾磨区下野田四丁目、飾磨区城南町一丁目、飾磨区城南町二丁目、飾磨区城南町三丁目、飾磨区須加、飾磨区高町、飾磨区高町一丁目、飾磨区高町二丁目、飾磨区蓼野町、飾磨区玉地、飾磨区玉地一丁目、飾磨区付城、飾磨区付城一丁目、飾磨区付城二丁目、飾磨区天神、飾磨区都倉一丁目、飾磨区都倉二丁目、飾磨区都倉三丁目、飾磨区中島、飾磨区中島一丁目、飾磨区中島二丁目、飾磨区中島三丁目、飾磨区中野田一丁目、飾磨区中野田二丁目、飾磨区中野田三丁目、飾磨区中野田四丁目、飾磨区中浜町一丁目、飾磨区中浜町二丁目、飾磨区中浜町三丁目、飾磨区西浜町一丁目、飾磨区西浜町二丁目、飾磨区西浜町三丁目、飾磨区野田町、飾磨区東堀、飾磨区富士見ケ丘町、飾磨区細江、飾磨区堀川町、飾磨区宮、飾磨区三宅一丁目、飾磨区三宅二丁目、飾磨区三宅三丁目、飾磨区妻鹿、飾磨区妻鹿東海町、飾磨区妻鹿常盤町、飾磨区妻鹿日田町、飾磨区矢倉町一丁目、飾磨区矢倉町二丁目、飾磨区山崎、飾磨区山崎台、飾磨区若宮町、飾西、飾西台、飾東町大釜、飾東町大釜新、飾東町小原、飾東町小原新、飾東町唐端新、飾東町北野、飾東町北山、飾東町清住、飾東町佐良和、飾東町塩崎、飾東町志吹、飾東町庄、飾東町豊国、飾東町八重畑、飾東町山崎、飾東町夕陽ケ丘、四郷町明田、四郷町上鈴、四郷町坂元、四郷町中鈴、四郷町東阿保、四郷町本郷、四郷町見野、四郷町山脇、東雲町一丁目、東雲町二丁目、東雲町三丁目、東雲町四丁目、東雲町五丁目、東雲町六丁目、忍町、実法寺、下手野一丁目、下手野二丁目、下手野三丁目、下手野四丁目、下手野五丁目、下手野六丁目、下寺町、十二所前町、庄田、城東町、城東町京口台、城東町五軒屋、城東町清水、城東町竹之門、城東町中河原、城東町野田、城東町毘沙門、城北新町一丁目、城北新町二丁目、城北新町三丁目、城北本町、書写、書写台一丁目、書写台二丁目、書写台三丁目、白国、白国一丁目、白国二丁目、白国三丁目、白国四丁目、白国五丁目、白浜町、白浜町宇佐崎北一丁目、白浜町宇佐崎北二丁目、白浜町宇佐崎北三丁目、白浜町宇佐崎中一丁目、白浜町宇佐崎中二丁目、白浜町宇佐崎中三丁目、白浜町宇佐崎南一丁目、白浜町宇佐崎南二丁目、白浜町神田一丁目、白浜町神田二丁目、白浜町寺家一丁目、白浜町寺家二丁目、白浜町灘浜、白銀町、城見台一丁目、城見台二丁目、城見台三丁目、城見台四丁目、城見町、新在家、新在家一丁目、新在家二丁目、新在家三丁目、新在家四丁目、新在家中の町、新在家本町一丁目、新在家本町二丁目、新在家本町三丁目、新在家本町四丁目、新在家本町五丁目、新在家本町六丁目、神和町、菅生台、総社本町、大黒壱丁町、大寿台一丁目、大寿台二丁目、大善町、田井台、高岡新町、高尾町、鷹匠町、竹田町、龍野町一丁目、龍野町二丁目、龍野町三丁目、龍野町四丁目、龍野町五丁目、龍野町六丁目、立町、田寺一丁目、田寺二丁目、田寺三丁目、田寺四丁目、田寺五丁目、田寺六丁目、田寺七丁目、田寺八丁目、田寺東一丁目、田寺東二丁目、田寺東三丁目、田寺東四丁目、田寺山手町、玉手、玉手一丁目、玉手二丁目、玉手三丁目、玉手四丁目、地内町、中地、中地南町、町田、町坪、町坪南町、千代田町、継、佃町、辻井一丁目、辻井二丁目、辻井三丁目、辻井四丁目、辻井五丁目、辻井六丁目、辻井七丁目、辻井八丁目、辻井九丁目、土山一丁目、土山二丁目、土山三丁目、土山四丁目、土山五丁目、土山六丁目、土山七丁目、土山東の町、手柄、手柄一丁目、手柄二丁目、天神町、東郷町、同心町、豆腐町、砥堀、苫編、苫編南一丁目、苫編南二丁目、豊沢町、豊富町甲丘一丁目、豊富町甲丘二丁目、豊富町甲丘三丁目、豊富町甲丘四丁目、豊富町神谷、豊富町豊富、豊富町御蔭、名古山町、南条、南条一丁目、南条二丁目、南条三丁目、二階町、西今宿一丁目、西今宿二丁目、西今宿三丁目、

西今宿四丁目、西今宿五丁目、西今宿六丁目、西今宿七丁目、西今宿八丁目、西駅前町、西新在家一丁目、西新在家二丁目、西新在家三丁目、西新町、西大寿台、西中島、西二階町、西延末、西八代町、西夢前台一丁目、西夢前台二丁目、西夢前台三丁目、西脇、仁豊野、農人町、南畝町、南畝町一丁目、南畝町二丁目、野里、野里上野町一丁目、野里上野町二丁目、野里慶雲寺前町、野里新町、野里月丘町、野里寺町、野里中町、野里東同心町、野里東町、野里堀留町、野里大和町、延末、延末一丁目、白鳥台一丁目、白鳥台二丁目、白鳥台三丁目、博労町、橋之

町、花影町一丁目、花影町二丁目、花影町三丁目、花影町四丁目、花田町一本松、花田町小川、花田町加納原田、花田町上原田、花田町高木、花田町勅旨、林田町大堤、林田町奥佐見、林田町上伊勢、林田町上構、林田町口佐見、林田町久保、林田町下伊勢、林田町下構、林田町新町、林田町中構、林田町中山下、林田町林田、林田町林谷、林田町松山、林田町六九谷、林田町八幡、林田町山田、東今宿一丁目、東今宿二丁目、東今宿三丁目、東今宿四丁目、東今宿五丁目、東今宿六丁目、東駅前町、東辻井一丁目、東辻井二丁目、東辻井三丁目、東辻井四丁目、東延末、

東延末一丁目、東延末二丁目、東延末三丁目、東延末四丁目、東延末五丁目、東山、東夢前台一丁目、東夢前台二丁目、東夢前台三丁目、日出町一丁目、日出町二丁目、日出町三丁目、平野町、広畑区吾妻町一丁目、広畑区吾妻町二丁目、広畑区吾妻町三丁目、広畑区大町一丁目、広畑区大町二丁目、広畑区大町三丁目、広畑区蒲田、広畑区蒲田一丁目、広畑区蒲田二丁目、広畑区蒲田三丁目、広畑区蒲田四丁目、広畑区蒲田五丁目、広畑区北河原町、広畑区北野町一丁目、広畑区北野町二丁目、広畑区京見町、広畑区小坂、広畑区小松町一丁目、広畑区小松町二丁目、広畑区

小松町三丁目、広畑区小松町四丁目、広畑区才、広畑区清水町一丁目、広畑区清水町二丁目、広畑区清水町三丁目、広畑区城山町、広畑区末広町一丁目、広畑区末広町二丁目、広畑区末広町三丁目、広畑区正門通一丁目、広畑区正門通二丁目、広畑区正門通三丁目、広畑区正門通四丁目、広畑区高浜町一丁目、広畑区高浜町二丁目、広畑区高浜町三丁目、広畑区高浜町四丁目、広畑区鶴町一丁目、広畑区鶴町二丁目、広畑区長町一丁目、広畑区長町二丁目、広畑区西蒲田、広畑区西夢前台四丁目、広畑区西夢前台五丁目、広畑区西夢前台六丁目、広畑区西夢前台七丁目、広畑区西夢前台八丁目、広畑区則直、広畑区早瀬町一丁目、広畑区早瀬町二丁目、広畑区早瀬町三丁目、広畑区東新町一丁目、広畑区東新町二丁目、広畑区東新町三丁目、広畑区東夢前台四丁目、広畑区富士町、広畑区本町一丁目、広畑区本町二丁目、広畑区本町三丁目、広畑区本町四丁目、広畑区本町五丁目、広畑区本町六丁目、広畑区夢前町一丁目、広畑区夢前町二丁目、広畑区夢前町三丁目、広畑区夢前町四丁目、広峰一丁目、広峰二丁目、広嶺山、福居町、福沢町、福中町、福本町、藤ケ台、双葉町、船丘町、船津町、船橋町二丁目、船橋町三丁目、船橋町四丁目、船橋町五丁目、船橋町六丁目、別所町家具町、別所町北宿、別所町小林、別所町佐土、別所町佐土一丁目、別所町佐土二丁目、別所町佐土三丁目、別所町佐土新、別所町別所、別所町別所一丁目、別所町別所二丁目、別所町別所三丁目、別所町別所四丁目、別所町別所五丁目、北条、北条一丁目、北条梅原町、北条口一丁目、北条口二丁目、北条口三丁目、北条口四丁目、北条口五丁目、北条永良町、北条宮の町、保城、坊主町、峰南町、本町、増位新町一丁目、増位新町二丁目、増位本町一丁目、増位本町二丁目、的形町福泊、的形町的形、丸尾町、御国野町国分寺、御国野町御着、御国野町西御着、御国野町深志野、神子岡前一丁目、神子岡前二丁目、神子岡前三丁目、神子岡前四丁目、御立北一丁目、御立北二丁目、御立北三丁目、御立北四丁目、御立中一丁目、御立中二丁目、御立中三丁目、御立中四丁目、御立中五丁目、御立中六丁目、御立中七丁目、御立中八丁目、御立西一丁目、御立西二丁目、御立西三丁目、御立西四丁目、御立西五丁目、御立西六丁目、御立東一丁目、御立東二丁目、御立東三丁目、御立東四丁目、御立東五丁目、御立東六丁目、緑台一丁目、緑台二丁目、南今宿、南駅前町、南車崎一丁目、南車崎二丁目、南新在家、南町、南八代町、宮上町一丁目、宮上町二丁目、宮西町一丁目、宮西町二丁目、宮西町三丁目、宮西町四丁目、睦町、元塩町、元町、八家、八木町、八代、八代東光寺町、八代本町一丁目、八代本町二丁目、八代緑ケ丘町、八代宮前町、安田一丁目、安田二丁目、安田三丁目、安田四丁目、柳町、山田町北山田、山田町多田、山田町西山田、山田町牧野、山田町南山田、山野井町、山畑新田、山吹一丁目、山吹二丁目、吉田町、米田町、余部区上川原、余部区上余部、余部区下余部、六角、若菜町一丁目、若菜町二丁目、綿町

第十二区

姫路市

第十一区に属しない区域

相生市

赤穂市

宍粟市

たつの市

神崎郡

揖保郡

赤穂郡

佐用郡

奈良県

第一区

奈良市

本庁管内
奈良市西部出張所管内
奈良市北部出張所管内
奈良市東部出張所管内
奈良市月ヶ瀬行政センター管内

第二区

奈良市
第一区に属しない区域
大和郡山市
天理市
生駒市
山辺郡
生駒郡

第三区

大和高田市
御所市
香芝市
葛城市
磯城郡
北葛城郡

第四区

橿原市
桜井市
五條市
宇陀市
宇陀郡

高市郡
吉野郡

和歌山県

第一区
和歌山市
第二区
海南市
橋本市
有田市
紀の川市
岩出市
海草郡
伊都郡

第三区
御坊市
田辺市
新宮市
有田郡
日高郡
西牟婁郡
東牟婁郡

鳥取県

第一区
鳥取市
倉吉市
岩美郡

八頭郡

東伯郡

三朝町

第二区

米子市

境港市

東伯郡

湯梨浜町

琴浦町

北栄町

西伯郡

日野郡

島根県

第一区

松江市

出雲市

平田支所管内

安来市

雲南市

雲南市大東総合センター管内

雲南市加茂総合センター管内

雲南市木次総合センター管内

仁多郡

隠岐郡

第二区

浜田市

出雲市

第一区に属しない区域

益田市

大田市

江津市

雲南市

第一区に属しない区域

飯石郡

邑智郡

鹿足郡

岡山県

第一区

岡山市

北区

本庁管内（祇園、後楽園、中原及び牟佐に属する区域を除く。）

北区役所御津支所管内

北区役所建部支所管内

南区

青江六丁目、あけぼの町、泉田、泉田一丁目、泉田二丁目、泉田三丁目、泉田四丁目、泉田五丁目、内尾、浦安西町、浦安本町、浦安南町、大福、海岸通一丁目、海岸通二丁目、古新田、市場一丁目、市場二丁目、下中野、新福一丁目、新福二丁目、新保、洲崎一丁目、洲崎二丁目、洲崎三丁目、妹尾、妹尾崎、曽根、立川町、築港栄町、築港新町一丁目、築港新町二丁目、築港ひかり町、築港緑町一丁目、築港緑町二丁目、築港緑町三丁目、築港元町、千鳥町、当新田、富浜町、豊成一丁目、豊成二丁目、豊成三丁目、豊浜町、中畦、並木町一丁目、並木町二丁目、南輝一丁目、南輝二丁目、南輝三丁目、西市、西畦、浜野一丁目、浜野二丁目、浜野三丁目、浜野四丁目、東畦、平福一丁目、平福二丁目、福島一丁目、福島二丁目、福島三丁目、福島四丁目、福田、福富中一丁目、福富中二丁目、福富西一丁目、福富西二丁目、福富西三丁目、福富東一丁目、福富東二丁目、福成一丁目、福成二丁目、福成三丁目、福浜町、福浜西町、福吉町、藤田、松浜町、万倍、箕島、三浜町一丁目、三浜町二丁目、山田、米倉、若葉町

加賀郡

吉備中央町

本庁管内

広面、上加茂、下加茂、美原、加茂市場、高谷、平岡、上野、竹部、上田東、細田、三納谷、上田西、円城、案田、高富、神瀬、船津、小森

吉備中央町役場井原出張所管内

第二区

岡山市

北区

第一区に属しない区域

中区

東区

本庁管内

南区

第一区に属しない区域

玉野市

瀬戸内市

第三区

岡山市

東区

第二区に属しない区域

津山市

備前市

赤磐市

真庭市

本庁管内

真庭市蒜山振興局管内

真庭市落合支局管内

真庭市勝山支局管内

真庭市美甘支局管内

真庭市湯原支局管内

美作市

和気郡
真庭郡
苫田郡
勝田郡
英田郡
久米郡

第四区

倉敷市
本庁管内
倉敷市児島支所管内
倉敷市玉島支所管内
倉敷市水島支所管内
倉敷市庄支所管内
倉敷市茶屋町支所管内
都窪郡

第五区

倉敷市
第四区に属しない区域
笠岡市
井原市
総社市
高梁市
新見市
真庭市
第三区に属しない区域
浅口市

浅口郡
小田郡
加賀郡
吉備中央町
第一区に属しない区域
広島県
第一区
広島市
中区
東区
南区
第二区
広島市

西区
佐伯区
大竹市
廿日市市
江田島市
本庁管内
江田島市沖美支所管内
江田島市大柿支所管内
江田島市鹿川出張所管内
江田島市高田出張所管内
第三区
広島市
安佐南区

安佐北区
安芸高田市
山県郡
第四区
広島市
安芸区
三原市
三原市大和支所管内
東広島市
本庁管内
東広島市八本松出張所管内
東広島市志和出張所管内
東広島市高屋出張所管内
東広島市黒瀬支所管内
東広島市福富支所管内
東広島市豊栄支所管内
東広島市河内支所管内
安芸郡
第五区
呉市
竹原市
三原市
三原市本郷支所管内
尾道市
尾道市役所瀬戸田支所管内
東広島市

第四区に属しない区域
江田島市
第二区に属しない区域
豊田郡
第六区
三原市
第四区及び第五区に属しない区域
尾道市
第五区に属しない区域
府中市
三次市
庄原市
世羅郡

神石郡
第七区
福山市

山口県

第一区
山口市
山口市山口総合支所管内
山口市小郡総合支所管内
山口市秋穂総合支所管内
山口市阿知須総合支所管内
山口市徳地総合支所管内
防府市
周南市

本庁管内
周南市新南陽総合支所管内
周南市鹿野総合支所管内
周南市櫛浜支所管内
周南市鼓南支所管内
周南市久米支所管内
周南市菊川支所管内
周南市夜市支所管内
周南市戸田支所管内
周南市湯野支所管内
周南市大津島支所管内
周南市向道支所管内
周南市長穂支所管内
周南市須々万支所管内
周南市中須支所管内
周南市須金支所管内

第　二　区

下　松　市
岩　国　市
光　　　市
柳　井　市
周　南　市
第一区に属しない区域
大　島　郡
玖　珂　郡
熊　毛　郡

第三区

宇部市

山口市

第一区に属しない区域

萩市

美祢市

山陽小野田市

阿武郡

第四区

下関市

長門市

徳島県

第一区

徳島市

小松島市

阿南市

勝浦郡

名東郡

名西郡

那賀郡

海部郡

第二区

鳴門市

吉野川市

阿波市

美馬市

三好市
板野郡
美馬郡
三好郡

香川県

第一区

高松市

本庁管内
山田支所管内
鶴尾出張所管内
太田出張所管内
木太出張所管内
古高松出張所管内
屋島出張所管内
前田出張所管内
川添出張所管内
林出張所管内
三谷出張所管内
仏生山出張所管内
香西出張所管内
一宮出張所管内
多肥出張所管内
川岡出張所管内
円座出張所管内
檀紙出張所管内
弦打出張所管内

鬼無出張所管内
下笠居出張所管内
女木出張所管内
男木出張所管内
小豆郡
香川郡

第二区

高松市
第一区に属しない区域
丸亀市
綾歌市民総合センター管内
飯山市民総合センター管内
坂出市
さぬき市
東かがわ市
木田郡
綾歌郡

第三区

丸亀市
第二区に属しない区域
善通寺市
観音寺市
三豊市
仲多度郡

愛媛県

第一区

松山市

本庁管内
桑原支所管内
道後支所管内
味生支所管内
生石支所管内
垣生支所管内
三津浜支所管内
久枝支所管内
潮見支所管内
和気支所管内
堀江支所管内
余土支所管内
興居島支所管内
久米支所管内
湯山支所管内
伊台支所管内
五明支所管内
小野支所管内
浮穴支所管内
石井支所管内
久谷支所管内

第二区

松山市

第一区に属しない区域

今治市

東温市
越智郡
上浮穴郡
伊予郡

第三区

新居浜市
西条市
四国中央市

第四区

宇和島市
八幡浜市
大洲市
伊予市
西予市
喜多郡
西宇和郡
北宇和郡
南宇和郡

高知県

第一区

高知市

上町一丁目、上町二丁目、上町三丁目、上町四丁目、上町五丁目、本丁筋、水通町、通町、唐人町、与力町、鷹匠町一丁目、鷹匠町二丁目、本町一丁目、本町二丁目、本町三丁目、本町四丁目、本町五丁目、升形、帯屋町一丁目、帯屋町二丁目、追手筋一丁目、追手筋二丁目、廿代町、永国寺町、丸ノ内一丁目、丸ノ内二丁目、中の島、九反田、菜園場町、農人町、城見町、堺町、南はりまや町一丁目、南はりまや町二丁目、弘化台、桜井町一丁目、桜井町二丁目、はりまや町一丁目、はりまや町二丁目、はりまや町三丁目、宝永町、弥生町、丸池町、小倉町、東雲町、日の出町、知寄町一丁目、知寄町二丁目、知寄町三丁目、青柳町、稲荷町、若松町、高埇、杉井流、北金田、南金田、札場、南御座、北御座、南川添、北川添、北久保、南久保、海老ノ丸、中宝永町、南宝永町、二葉町、入明町、洞ヶ島町、寿町、中水道、幸町、伊勢崎町、相模町、吉田町、愛宕町一丁目、愛宕町二丁目、愛宕町三丁目、愛宕町四丁目、大川筋一丁目、大川筋二丁目、駅前町、相生町、江陽町、北本町一丁目、北本町二丁目、北本町三丁目、北本町四丁目、新本町一丁目、新本町二丁目、昭和町、和泉町、塩田町、比島町一丁目、比島町二丁目、比島町三丁目、比島町四丁目、栄田町一丁目、栄田町二丁目、栄田町三丁目、井口町、平和町、三ノ丸、宮前町、西町、大膳町、山ノ端町、桜馬場、城北町、北八反町、宝町、小津町、越前町一丁目、越前町二丁目、新屋敷一丁目、新屋敷二丁目、八反町一丁目、八反町二丁目、東城山町、城山町、東石立町、石立町、玉水町、縄手町、鏡川町、下島町、旭町一丁目、旭町二丁目、旭町三丁目、赤石町、中須賀町、旭駅前町、元町、南元町、旭上町、水源町、本宮町、上本宮町、大谷、岩ヶ淵、鳥越、塚ノ原、西塚ノ原、長尾山町、旭天神町、佐々木町、北端町、山手町、横内、口細山、尾立、蓮台、福井町、福井扇町、福井東町、池、仁井田、種崎、十津一丁目、十津二丁目、十津三丁目、十津四丁目、十津五丁目、十津六丁目、吸江、五台山、屋頭、高須、葛島一丁目、葛島二丁目、葛島三丁目、葛島四丁目、高須新町一丁目、高須新町二丁目、高須新町三丁目、高須新町四丁目、高須砂地、高須本町、高須新木、高須一丁目、高須二丁目、高須三丁目、高須東町、高須西町、高須絶海、高須大谷、高須大島、布師田、一宮、薊野、重倉、久礼野、薊野西町一丁目、薊野西町二丁目、薊野西町三丁目、薊野北町一丁目、薊野北町二丁目、薊野北町三丁目、薊野北町四丁目、薊野東町、薊野中町、薊野南町、一宮西町一丁目、一宮西町二丁目、一宮西町三丁目、一宮西町四丁目、一宮しなね一丁目、一宮しなね二丁目、一宮南町一丁目、一宮南町二丁目、一宮中町一丁目、一宮中町二丁目、一宮中町三丁目、一宮東町一丁目、一宮東町二丁目、一宮東町三丁目、一宮東町四丁目、一宮東町五丁目、一宮徳谷、愛宕山、前里、東秦泉寺、中秦泉寺、三園町、西秦泉寺、北秦泉寺、宇津野、三谷、七ツ淵、加賀野井一丁目、加賀野井二丁目、愛宕山南町、秦南町一丁目、秦南町二丁目、東久万、中久万、西久万、南久万、万々、中万々、南万々、柴巻、円行寺、一ツ橋町一丁目、一ツ橋町二丁目、みづき一丁目、みづき二丁目、みづき三丁目、みづき山、大津甲、大津乙、介良甲、介良乙、介良丙、介良、潮見台一丁目、潮見台二丁目、潮見台三丁目、鏡大河内、鏡小浜、鏡大利、鏡今井、鏡草峰、鏡白岩、鏡狩山、鏡吉原、鏡的渕、鏡去坂、鏡竹奈路、鏡敷ノ山、鏡柿ノ又、鏡横矢、鏡増原、鏡葛山、鏡梅ノ木、鏡小山、土佐山菖蒲、土佐山西川、土佐山梶谷、土佐山、土佐山高川、土佐山桑尾、土佐山都網、土佐山弘瀬、土佐山東川、土佐山中切

室戸市

安芸市

南国市

香南市

香美市

安芸郡

長岡郡
土佐郡
第二区
高知市
第一区に属しない区域
土佐市
須崎市
宿毛市
土佐清水市
四万十市
吾川郡
高岡郡
幡多郡

福岡県
第一区
福岡市
東区
博多区
第二区
福岡市
中央区
南区
城南区
第三区
福岡市
早良区

西区
糸島市

第四区
宗像市
古賀市
福津市
糟屋郡

第五区
筑紫野市
春日市
大野城市
太宰府市
朝倉市

筑紫郡
朝倉郡

第六区
久留米市
大川市
小郡市
うきは市
三井郡
三潴郡

第七区
大牟田市
柳川市
八女市

筑後市
みやま市
八女郡

第八区

直方市
飯塚市
中間市
宮若市
嘉麻市
遠賀郡
鞍手郡
嘉穂郡

第九区

北九州市
若松区
八幡東区
八幡西区
戸畑区

第十区

北九州市
門司区
小倉北区
小倉南区

第十一区

田川市
行橋市

豊前市
田川郡
京都郡
築上郡

佐賀県

第一区
佐賀市
鳥栖市
神埼市
神埼郡
三養基郡

第二区
唐津市
多久市
伊万里市
武雄市
鹿島市
小城市
嬉野市
東松浦郡
西松浦郡
杵島郡
藤津郡

長崎県

第一区
長崎市

本庁管内
小ケ倉支所管内
土井首支所管内
小榊支所管内
西浦上支所管内
福田支所管内
深堀支所管内
日見支所管内
茂木支所管内
式見支所管内
東長崎支所管内
三重支所管内
香焼行政センター管内
伊王島行政センター管内
高島行政センター管内
野母崎行政センター管内
三和行政センター管内

第二区

長崎市

第一区に属しない区域

島原市

諫早市

西海市

雲仙市

南島原市

西彼杵郡

第三区

佐世保市

佐世保市役所早岐支所管内

佐世保市役所三川内支所管内

佐世保市役所宮支所管内

大村市

対馬市

壱岐市

五島市

東彼杵郡

南松浦郡

第四区

佐世保市

第三区に属しない区域

平戸市

松浦市

北松浦郡

熊本県

第一区

熊本市

中央区

安政町、井川淵町、出水一丁目、出水二丁目、出水三丁目、出水四丁目、出水五丁目、出水六丁目、出水七丁目、出水八丁目、板屋町、魚屋町一丁目、魚屋町二丁目、魚屋町三丁目、内坪井町、江津二丁目、大江本町、大江一丁目、大江二丁目、大江三丁目、大江四丁目、大江五丁目、大江六丁目、岡田町、帯山一丁目、帯山二丁目、帯山三丁目、帯山四丁目、帯山五丁目、帯山六丁目、帯山七丁目、帯山八丁目、帯山九丁目、鍛冶屋町、上鍛冶屋町、上京塚町、上水前寺一丁目、上水前寺二丁目、上通町、上林町、辛島町、川端町、河原町、北千反畑町、京町本丁、京町一丁目、京町二丁目、草葉町、九品寺一丁目、九品寺二丁目、九品寺三丁目、九品寺四丁目、九品寺五丁目、九品寺六丁目、黒髪一丁目、黒髪二丁目、黒髪三丁目、黒髪四丁目、黒髪五丁目、黒髪六丁目、黒髪七丁目、黒髪八丁目、神水本町、神水一丁目、神水二丁目、慶徳堀町、紺屋阿弥陀寺町、紺屋今町、紺屋町一丁目、紺屋町二丁目、紺屋町三丁目、子飼本町、国府本町、国府一丁目、国府二丁目、国府三丁目、国府四丁目、小沢町、古城町、壺川一丁目、壺川二丁目、湖東一丁目、呉服町一丁目、呉服町二丁目、呉服町三丁目、米屋町一丁目、米屋町二丁目、米屋町三丁目、細工町一丁目、細工町二丁目、細工町三丁目、細工町四丁目、細工町五丁目、桜町、三郎一丁目、島崎一丁目、下通一丁目、下通二丁目、城東町、新大江一丁目、新大江二丁目、新大江三丁目、新鍛冶屋町、新市街、新町一丁目、新町二丁目、新町三丁目、新町四丁目、新屋敷一丁目、新屋敷二丁目、新屋敷三丁目、水前寺公園、水前寺一丁目、水前寺二丁目、水前寺三丁目、水前寺四丁目、水前寺五丁目、水前寺六丁目、水道町、菅原町、船場町下一丁目、船場町二丁目、船場町三丁目、段山本町、千葉城町、中央街、坪井一丁目、坪井二丁目、坪井三丁目、坪井四丁目、坪井五丁目、坪井六丁目、手取本町、通町、渡鹿一丁目、渡鹿二丁目、渡鹿三丁目、渡鹿四丁目、渡鹿五丁目、渡鹿六丁目、渡鹿七丁目、中唐人町、西阿弥陀寺町、西子飼町、西唐人町、二の丸、白山一丁目、白山二丁目、白山三丁目、花畑町、東阿弥陀寺町、東京塚町、東子飼町、古桶屋町、古川町、古京町、古大工町、保田窪一丁目、保田窪二丁目、本丸、松原町、南千反畑町、南坪井町、宮内、妙体寺町、室園町、薬園町、山崎町、横紺屋町、万町一丁目、万町二丁目、練兵町

東　区

西　区

池亀町、池田一丁目、池田二丁目、池田三

丁目、池田四丁目、上熊本一丁目、上熊本二丁目、上熊本三丁目、京町本丁、津浦町、出町、稗田町

北　区

麻生田一丁目、麻生田二丁目、麻生田三丁目、麻生田四丁目、麻生田五丁目、改寄町、池田三丁目、和泉町、兎谷一丁目、兎谷二丁目、兎谷三丁目、打越町、大窪一丁目、大窪二丁目、大窪三丁目、大窪四丁目、大窪五丁目、大鳥居町、梶尾町、鹿子木町、釜尾町、北迫町、楠一丁目、楠二丁目、楠三丁目、楠四丁目、楠五丁目、楠六丁目、楠七丁目、楠八丁目、楠野町、黒髪町大字坪井、黒髪七丁目、小糸山町、清水岩倉一丁目、清水岩倉二丁目、清水岩倉三丁目、清水亀井町、清水新地一丁目、清水新地二丁目、清水新地三丁目、清水新地四丁目、清水新地五丁目、清水新地六丁目、清水新地七丁目、清水東町、清水本町、清水町大字打越、清水町大字松崎、清水町大字室園、清水万石一丁目、清水万石二丁目、清水万石三丁目、清水万石四丁目、清水万石五丁目、下硯川町、下硯川一丁目、下硯川二丁目、硯川町、高平一丁目、高平二丁目、高平三丁目、龍田陳内一丁目、龍田陳内二丁目、龍田陳内三丁目、龍田陳内

四丁目、龍田町弓削、龍田弓削一丁目、龍田弓削二丁目、龍田一丁目、龍田二丁目、龍田三丁目、龍田四丁目、龍田五丁目、龍田六丁目、龍田七丁目、龍田八丁目、龍田九丁目、太郎迫町、津浦町、鶴羽田町、鶴羽田一丁目、鶴羽田二丁目、鶴羽田三丁目、鶴羽田四丁目、鶴羽田五丁目、徳王町、徳王一丁目、徳王二丁目、西梶尾町、楡木一丁目、楡木二丁目、楡木三丁目、楡木四丁目、楡木五丁目、楡木六丁目、乗越ケ丘、八景水谷一丁目、八景水谷二丁目、八景水谷三丁目、八景水谷四丁目、飛田町、飛田一丁目、飛田二丁目、飛田三丁目、飛田四丁目、万楽寺町、貢町、武蔵ケ丘一丁目、武蔵ケ丘二丁目、武蔵ケ丘三丁目、武蔵ケ丘四丁目、武蔵ケ丘五丁目、武蔵ケ丘六丁目、武蔵ケ丘七丁目、武蔵ケ丘八丁目、武蔵ケ丘九丁目、室園町、明徳町、山室一丁目、山室二丁目、山室三丁目、山室四丁目、山室五丁目、山室六丁目、四方寄町、立福寺町

第二区

熊本市

中央区

第一区に属しない区域

西区

第一区に属しない区域

南　区

会富町、荒尾町、荒尾一丁目、荒尾二丁目、荒尾三丁目、出仲間一丁目、出仲間二丁目、出仲間三丁目、出仲間四丁目、出仲間五丁目、出仲間六丁目、出仲間七丁目、出仲間八丁目、出仲間九丁目、今町、海路口町、薄場町、薄場一丁目、薄場二丁目、薄場三丁目、内田町、江越一丁目、江越二丁目、奥古閑町、上ノ郷一丁目、上ノ郷二丁目、刈草一丁目、刈草二丁目、刈草三丁目、川口町、川尻一丁目、川尻二丁目、川尻三丁目、川尻四丁目、川尻五丁目、川尻六丁目、幸田一丁目、幸田二丁目、合志一丁目、合志二丁目、合志三丁目、合志四丁目、護藤町、島町一丁目、島町二丁目、島町三丁目、島町四丁目、島町五丁目、十禅寺二丁目、十禅寺三丁目、白石町、白藤一丁目、白藤二丁目、白藤三丁目、白藤四丁目、白藤五丁目、砂原町、銭塘町、田井島一丁目、田井島二丁目、田井島三丁目、田迎町大字田井島、田迎町大字良町、田迎一丁目、田迎二丁目、田迎三丁目、田迎四丁目、田迎五丁目、田迎六丁目、近見町、近見一丁目、近見二丁目、近見三丁目、近見四丁目、近見五丁目、近見六丁目、近見七丁目、近見八丁目、近見九丁目、土河原町、鳶町一丁目、鳶町二丁目、中無田町、並建町、野口町、野口一丁目、野口二丁目、野口三丁目、野口四丁目、野田一丁目、野田二丁目、野田三丁目、畠口町、八王寺町、八分字町、浜口町、日吉一丁目、日吉二丁目、平田一丁目、平田二丁目、平成一丁目、平成二丁目、孫代町、馬渡一丁目、馬渡二丁目、美登里町、南高江町、南高江一丁目、南高江二丁目、南高江三丁目、南高江四丁目、南高江五丁目、南高江六丁目、南高江七丁目、御幸木部町、御幸木部一丁目、御幸木部二丁目、御幸木部三丁目、御幸西無田町、御幸西一丁目、御幸西二丁目、御幸西三丁目、御幸西四丁目、御幸笛田町、御幸笛田一丁目、御幸笛田二丁目、御幸笛田三丁目、御幸笛田四丁目、御幸笛田五丁目、御幸笛田六丁目、御幸笛田七丁目、御幸笛田八丁目、無田口町、元三町、元三町一丁目、元三町二丁目、元三町三丁目、元三町四丁目、元三町五丁目、八幡一丁目、八幡二丁目、八幡三丁目、八幡四丁目、八幡五丁目、八幡六丁目、八幡七丁目、八幡八丁目、八幡九丁目、八幡十丁目、八幡十一丁目、良町一丁目、良町二丁目、良町三丁目、良町四丁目、良町五丁

目、流通団地一丁目、流通団地二丁目

荒尾市

玉名市

玉名郡

第三区

熊本市

北区

第一区に属しない区域

山鹿市

菊池市

阿蘇市

合志市

菊池郡

阿蘇郡

上益城郡

山都町

山都町蘇陽総合支所管内

第四区

熊本市

南区

第二区に属しない区域

天草市

宇土市

上天草市

宇城市

上益城郡

御船町
嘉島町
益城町
甲佐町
山都町
　第三区に属しない区域
天草郡
第五区
八代市
人吉市
水俣市
下益城郡
八代郡
葦北郡
球磨郡
　大分県
第一区
大分市
本庁管内
鶴崎支所管内
大南支所管内
稙田支所管内（大字廻栖野（六百十八番地から七百四十七番地二まで、八百三十番地から八百三十二番地一まで、八百三十三番地一、八百三十三番地三から八百三十六番地三まで、八百三十八番地一から八百三十八番地二まで、八百四十一番地、千五百八十七番地、千五百九十一番地から千六百十八番地まで及び千六百二十番地に限る。）に属する区域を除く。）

大在支所管内

坂ノ市支所管内

明野出張所管内

第二区

大分市

第一区に属しない区域

日田市

佐伯市

臼杵市

津久見市

竹田市

豊後大野市

由布市

玖珠郡

第三区

別府市

中津市

豊後高田市

杵築市

宇佐市

国東市

東国東郡

速見郡

宮崎県

第一区

宮崎市
東諸県郡

第二区

延岡市
日向市
西都市
児湯郡
東臼杵郡
西臼杵郡

第三区

都城市
日南市
小林市
串間市
えびの市
北諸県郡
西諸県郡

鹿児島県

第一区

鹿児島市
本庁管内
伊敷支所管内
東桜島支所管内

吉野支所管内
吉田支所管内
桜島支所管内
鹿児島郡
第二区
鹿児島市
谷山支所管内
喜入支所管内
指宿市
奄美市
南九州市
頴娃支所管内
大島郡

第三区
鹿児島市
第一区及び第二区に属しない区域
枕崎市
薩摩川内市
日置市
いちき串木野市
南さつま市
南九州市
第二区に属しない区域
薩摩郡
第四区
阿久根市

出水市
霧島市
伊佐市
姶良市
出水郡
姶良郡

第五区

鹿屋市
西之表市
垂水市
曽於市
志布志市
曽於郡
肝属郡
熊毛郡

沖縄県

第一区

那覇市
島尻郡
渡嘉敷村
座間味村
粟国村
渡名喜村
南大東村
北大東村
久米島町

第二区
宜野湾市
浦添市
中頭郡
第三区
名護市
沖縄市
うるま市
国頭郡
島尻郡
　伊平屋村
　伊是名村
第四区
石垣市
糸満市
豊見城市
宮古島市
南城市
島尻郡
　与那原町
　南風原町
　八重瀬町
宮古郡
八重山郡

この表中「本庁管内」とは、市町村（指定都市にあつては、区。以下同じ。）の区域のうち、支所又は出張所（それぞれ当該市町村の区域の一部――地方自治法第二百二条の四第一項に規定する地域を所管区域とするものに限る。）の所管区域及び――自治区の区域に属しない区域をいう。

附則第一条ただし書中「第二条」の下に「及び附則第三条」を加え、「同条の規定による改正後の公職選挙法（次条において「新公職選挙法」という。）第十三条第一項に規定する法律の施行の日（次条」を「衆議院小選挙区選出議員の選挙区間における人口較差を緊急に是正するための公職選挙法及び衆議院議員選挙区画定審議会設置法の一部を改正する法律の一部を改正する法律（平成二十五年法律第　　号）の公布の日から起算して一月を経過した日（次条及び附則第三条」に改める。

附則第二条中「新公職選挙法の規定は、」を「第二条の規定による改正後の公職選挙法（次条において「新公職選挙法」という。）の規定は、衆議院議員の選挙については」に改め、「から」の下に「、衆議院議員の選挙以外の選挙については一部施行日以後その期日を公示され又は告示される選挙について」を加え、「及び次回」を「、次回」に改め、「の選挙」の下に「及び一部施行日の前日までにその期日を公示され又は告示された選挙（衆議院議員の選挙を除く。）」を加える。

附則第三条を附則第四条とし、附則第二条の次に次の一条を加える。

（別表第一に掲げる行政区画その他の区域の取扱い）

第三条　新公職選挙法別表第一に掲げる行政区画その他の区域は、平成二十五年三月二十八日（以下この条において「基準日」という。）現在によったものであって、基準日の翌日から一部施行日の前日までの間において同表に掲げる行政区画その他の区域に変更があっても、当該選挙区に関する限り、行政区画その他の区域の変更がなかったものとみなす。ただし、基準日の翌日から一部施行日の前日までの間において同表で定める二以上の選挙区にわたって市町村（特別区を含む。）の境界変更（地方自治法（昭和二十二年法律第六十七号）第二百五十二条の十九第一項の指定都市の区の区域の変更を含む。以下この条において同じ。）があったときは、一部施行日に当該境界変更があったものとみなして、新公職選挙法第十三条第三項及び第四項の規定を適用する。

附　則

この法律は、公布の日から施行する。

理　由

衆議院議員選挙区画定審議会が行った衆議院小選挙区選出議員の選挙区の改定案についての勧告を受けて、衆議院小選挙区選出議員の選挙区の改定を行う等の必要がある。これが、この法律案を提出する理由である。

新法シリーズ法案編 1
衆議院選挙の格差緊急是正改正法(案)正文

2013(平成25)年 5 月30日　第 1 版第 1 刷発行

著　者　信山社編集部
発行者　今井貴　稲葉文子
発行所　株式会社　信　山　社
〒113-0033 東京都文京区本郷6-2-9-102
Tel 03-3818-1019　Fax 03-3818-0344
info@shinzansha.co.jp
笠間才木支店 〒309-1611 茨城県笠間市笠間515-3
笠間来栖支店 〒309-1625 茨城県笠間市来栖2345-1
Tel 0296-71-0215　Fax 0296-72-5410
出版契約2013-6714-3-01010　Printed in Japan

©信山社, 2013
印刷・製本／東洋印刷
ISBN978-4-7972-7061-7 C3332 P144/318.000-e001 法律立法
7061-01011：012-080-020
《禁無断複写》

JCOPY 〈㈳出版者著作権管理機構 委託出版物〉
本書の無断複写は著作権法上での例外を除き禁じられています。複写される場合は，そのつど事前に，(社)出版者著作権管理機構 (電話03-3513-6969, FAX 03-3513-6979, e-mail: info@jcopy.or.jp) の許諾を得てください。

学術選書 109

森村　進 著（一橋大学大学院法学研究科教授）

リバタリアンはこう考える
－法哲学論集－

A5変・上製・512頁　定価：本体10,000円（税別）　ISBN978-4-7972-6709-9 C3332

政府がはたすべき役割は何か？

J. ロック，T. ジェファーソン，R. ノージック，J. ナーヴソンなどの議論を取り上げながら，人格的自由・経済的自由を最大限に尊重する思想・リバタリアニズム libertarianism を力強く擁護する。〈何がリバタリアニズムの典型的な形態か〉でなく，〈何がリバタリアニズムの望ましい形態か〉をめぐる論究の書。福祉国家論，コミュニタリアニズムを批判的に検討し，政府の存在理由を根本的に問う。

【目　次】
第 1 部　リバタリアニズムの理論的基礎
1　リバタリアニズムの人間像
2　コミュニタリアニズムの批判的検討
3　リバタリアンな正義の中立性
4　リバタリアンが福祉国家を批判する理由
5　「みんなのもの」は誰のもの？
6　自己所有権論を批判者に答えて擁護する
7　分配的平等主義を批判する
8　ナーヴソンの契約論的リバタリアニズム
9　自由市場グローバリゼーションと文化的繁栄
第 2 部　自由の法理
10　アナルコ・キャピタリズムの挑戦
11　国家と宗教の分離
12　政府の活動はどこまで民間に委ねられるべきか
13　サンスティーンとセイラーのリバタリアン・パターナリズム
14　「大地の用益権は生きている人々に属する」
　　――財産権と世代間正義についてのジェファーソンの見解
15　権利主体としての子供
16　リバタリアニズムから見た犯罪への責任
17　リバタリアニズムと刑罰論

ブリッジブックシリーズ

先端法学入門 / 土田道夫・高橋則夫・後藤巻則 編
法学入門 / 南野　森 編
法哲学 / 長谷川晃・角田猛之 編
憲　法 / 横田耕一・高見勝利 編
行政法（第2版）/ 宇賀克也 編
先端民法入門（第3版）/ 山野目章夫 編
刑法の基礎知識 / 町野　朔・丸山雅夫・山本輝之 編著
刑法の考え方 / 高橋則夫 著
商　法 / 永井和之 編
裁判法（第2版）/ 小島武司 編
民事訴訟法（第2版）/ 井上治典 編

民事訴訟法入門 / 山本和彦 著
刑事裁判法 / 椎橋隆幸 編
国際法（第2版）/ 植木俊哉 編
国際人権法 / 芹田健太郎・薬師寺公夫・坂元茂樹 著
医事法 / 甲斐克則 編
法システム入門（第2版）/ 宮澤節生・武藏勝宏・上石圭一・大塚浩 著
近代日本司法制度史 / 新井勉・蕪山嚴・小柳春一郎 著
社会学 / 玉野和志 著
日本の政策構想 / 寺岡　寛 著
日本の外交 / 井上寿一 著

〒113-0033　東京都文京区本郷6-2-9-102　東大正門前
TEL：03(3818)1019　FAX：03(3811)3580　E-mail：order@shinzansha.co.jp

信山社
http://www.shinzansha.co.jp

坂元茂樹・薬師寺公夫 編

普遍的国際社会への法の挑戦

――― 芹田健太郎先生古稀記念 ―――

A5変・上製・896頁　定価：本体20,000円（税別）　ISBN978-4-7972-1967-8 C3332

研究者、実務家による国際法と国内法の対話

長く国際法学を先導してきた芹田健太郎先生の古稀を祝うべく、第一線で活躍する国際法や日本憲法の研究者、また、国際的に活躍する裁判官や弁護士等の実務家が一同に集った論文集。「抽象的人間像から具体的人間像」や「具体的国家像」を主張してきた、芹田先生の研究を継いで、普遍的価値を追究し、現代の国際社会の課題を鋭く析出、検討する第一級の書。

【目　次】
◆第1部◆　国際人権保障制度の実相と展望
1　普遍的定期審査の理想と現実―相互審査の内実―〔坂元茂樹〕
2　女性差別撤廃条約から見た民法750条―夫婦同氏原則―〔林　陽子〕
3　ILO基準監督制度再考〔吾郷眞一〕
◆第2部◆　ヨーロッパ人権保障制度の新展開
4　ヨーロッパ人権裁判所と国内裁判所の「対話」？
　―Grand Chamber Judgment of Al-Khawaja and Tahery v.the United Kingdom―〔江島晶子〕
5　ヨーロッパ人権裁判所の受理可能性審査手続に関する改革について
　―第14議定書及びその後の発展を中心にして―〔大塚泰寿〕
6　欧州人権条約における個人申立権の濫用　―人権裁判所の判例の検討を中心に―〔西片聡哉〕
7　EU基本権憲章上の庇護権　―解釈と庇護関連指令を含む国内適用―〔佐藤以久子〕
◆第3部◆　人権保障を巡る憲法と条約の相克
8　障害者権利条約の国内実施をめぐって〔棟居快行〕
9　日本国憲法における「法律に対する条約優位」と「人権」条約の適用
　―憲法制定過程及び大日本帝国憲法の解釈における条約の地位の検討から―〔建石真公子〕
10　緊急事態における人権の制限〔初川　満〕
◆第4部◆　国内人権訴訟の諸相
11　受刑者の選挙権と比例性の原則〔武村二三夫〕
12　難民訴訟事件における迫害の解釈と退去強制の執行停止〔安藤由香里〕
13　障害者の権利に関する条約とサリドマイド被害者〔更田義彦〕
◆第5部◆　移行期正義の課題と対応
14　国際刑事裁判所における手続上の問題
　―いわゆる「証人テスト」を例として―〔尾﨑久仁子〕
15　強制失踪条約における非国家主体の人権侵害行為と締約国の責任〔薬師寺公夫〕
16　国連人道問題調整事務所の機能と組織化―統合・調整機能とその正当性―〔川村真理〕
17　クラスター弾条約及び対人地雷禁止条約における除去・廃棄義務とその支援義務
　―非常設・非公式・非政府間組織を利用した履行確保の効果―〔林　美香〕
◆第6部◆　課題に挑む国際機構
18　国際機構の免除と国際公務員の身分保障
　―欧州人権裁判所Waite & Kennedy判決が及ぼした影響―〔黒神直純〕
19　国際再生可能エネルギー機関（IRENA）について〔酒井啓亘〕
20　リスボン条約体制下の欧州議会の役割
　―構成国議会による審査制度の促進の観点から―〔荒島千鶴〕
◆第7部◆　伝統的国際法概念の変容と発展
21　投資条約仲裁における国際法と国内法の適用と機能〔森川俊孝〕
22　韓国における未承認国家の法的地位
　―韓国の国内裁判における北朝鮮の著作権保護を中心に―〔呉　美英〕
23　グローバル・ガバナンス・ギャップと国際秩序形成に関する一考察
　―国連「（人権の）保護、尊重、救済の政策フレームワーク」と国家管轄権の域外適用に対する視座を中心に―〔大庭敦子〕
24　領域紛争における仮保全措置の新展開　―最近の国際司法裁判所判例とその含意―〔李　禎之〕
25　非国家主体と自衛権　―「侵略の定義」決議第3条(g)を中心に―〔浅田正彦〕

講座国際人権法　全4巻

1　国際人権法と憲法　芹田健太郎・棟居快行・薬師寺公夫・坂元茂樹 編
A5変・上製・456頁　本体 11,000円（税別）　ISBN978-4-7972-1681-6 C3332
憲法と国際人権の人権保護の法的内実

2　国際人権規範の形成と展開　芹田健太郎・棟居快行・薬師寺公夫・坂元茂樹 編
A5変・上製・544頁　本体 12,800円（税別）　ISBN978-4-7972-1682-4 C3332
国際法と国内法の人権保護の法的内実

3　国際人権法の国内的実施　芹田健太郎・戸波江二・棟居快行・薬師寺公夫・坂元茂樹 編
A5変・上製　本体 11,000円（税別）　ISBN978-4-7972-1683-7 C3332
国際人権法の国内実施に伴う、理論的・実務的課題を析出

4　国際人権法の国際的実施　芹田健太郎・戸波江二・棟居快行・薬師寺公夫・坂元茂樹 編
A5変・上製　定価：本体 12,800円（税別）　ISBN978-4-7972-1684-4 C3332
更なる展開をみせる近年の国際人権法の現状

〒113-0033　東京都文京区本郷6-2-9-102　東大正門前
TEL：03(3818)1019　FAX：03(3811)3580　E-mail：order@shinzansha.co.jp

信山社
http://www.shinzansha.co.jp

柳原正治・森川幸一・兼原敦子 編
YANAGIHARA MASAHARU　MORIKAWA KOICHI　KANEHARA ATSUKO

演習 プラクティス国際法

A5変・並製・200頁　定価：本体2,200円（税別）　ISBN978-4-7972-2640-9 C3332

待望の国際法の演習書。各種論述試験対策に。

【論点】→《各章》【事例演習】→《巻末》【総合演習】という流れで段階的に学べる待望の国際法演習書。各章のテーマに絞った【事例演習】で、答案を執筆する要点を学び、巻末の各章横断的な視野からの【総合演習】で、各種試験にも対応できる応用力を養う。また、本書単体でも学べるよう、各章冒頭には【論点】を置き、テーマごとの重要ポイントの把握も容易。『プラクティス国際法講義』との姉妹編で、2冊で国際法の学習を、学部授業から論述試験合格レベルまで効率的にサポート。

【目　次】
はしがき
★論点・事例演習★～～～～～～～～～～～～
◇第1章　国際社会と法 ── 国際法規範と社会規範
◇第2章　国際法の法源
◇第3章　条　約　法
◇第4章　国際法と国内法の関係
◇第5章　国際法の形成と適用と解釈
◇第6章　国際法の主体(1)── 国家
◇第7章　国際法の主体(2)── 準国家団体・国際組織・個人・その他
◇第8章　国家の基本的権利義務
◇第9章　国家管轄権
◇第10章　外交・領事関係法
◇第11章　国家の国際責任
◇第12章　国家領域
◇第13章　海洋利用に関する国際法(1)
◇第14章　海洋利用に関する国際法(2)
◇第15章　その他の地域および空間
◇第16章　国際法における個人
◇第17章　人権の国際的保障(1)
◇第18章　人権の国際的保障(2)
◇第19章　国際経済法
◇第20章　国際環境法
◇第21章　国際紛争処理
◇第22章　武力行使の規制
◇第23章　平和と安全の維持
◇第24章　武力紛争法
★総合演習★～～～～～～～～～～～～～～～
◆総合演習1　◆総合演習2　◆総合演習3　◆総合演習4　◆総合演習5

〈編集代表〉
柳原正治（九州大学大学院法学研究院教授）
森川幸一（専修大学法学部教授）
兼原敦子（上智大学法学部教授）
〈執筆者〉
柳原正治（九州大学大学院法学研究院教授）／第1章、6章【総合演習4】
森川幸一（専修大学法学部教授）／第22、23、24章【総合演習5】
兼原敦子（上智大学法学部教授）／第8、9、11、13、14章
江藤淳一（上智大学法学部教授）／第2、3、7章【総合演習3】
児矢野マリ（北海道大学大学院法学研究科教授）／第10、20章【総合演習2】
申ヘボン（青山学院大学法学部教授）／第17、18章
髙田　映（東海大学法学部教授）／第4章
深町朋子（福岡女子大学国際文理学部准教授）／第12、15章【総合演習1】
関根　豪（阪協大学法学部教授）／第19章
宮野洋一（中央大学法学部教授）／第21章
*『プラクティス国際法講義』と同一執筆者、章構成・担当

プラクティス国際法講義〔第2版〕

A5変・上製・472頁　定価：本体3,800円（税別）　ISBN978-4-7972-2408-5 C3332

基礎から発展までをサポートする好評テキスト

好評テキストの改版。国際法の学習に不可欠の歴史的背景や国際的原則の形成過程を丹念に解説し基礎的体系的な理解を定着させる各章末にある「演習問題」により重要ポイントが的確に把握・知識の補充・定着を図るさらに本書に続いた演習書の『演習プラクティス国際法』も同一の章構成、執筆陣で編集され、2冊を合わせて、学部授業から各種論述試験合格レベルまで、国際法の効率的な学習をサポート。

〒113-0033　東京都文京区本郷6-2-9-102　東大正門前
TEL：03(3818)1019　FAX：03(3811)3580　E-mail：order@shinzansha.co.jp
信山社
http://www.shinzansha.co.jp

フランス憲法判例研究会 編
編集代表 辻村みよ子

フランスの憲法判例 II

B5判・並製・440頁　定価:本体5,600円(税別)　ISBN978-4-7972-3348-3 C3332

フランス憲法判例集第 2 弾

フランス憲法はどこへ向かっているのか。政治的機関から裁判的機関へと揺れ動くフランス憲法院の代表的な判例を体系的に分類して収録。『フランスの憲法判例』刊行以降に出されたDC判決のみならず、2008年憲法改正により導入されたQPC(合憲性優先問題)判決をもあわせて掲載。総計78件、本邦唯一のフランス憲法判例集。憲法研究に役立つ資料・文献一覧付き。

【目　次】
序　文〔樋口陽一(東京大学名誉教授)〕
はしがき〔辻村みよ子〕
総合解説〔辻村みよ子〕
第I章　「一にして不可分の共和国」と欧州連合
　第1節　欧州統合の進展と国民主権　解説〔辻村みよ子〕
　第2節　EUの国内法秩序への組込み　解説〔大藤紀子(獨協大学)〕
　第3節　国際条約と共和国原理・国民主権　解説〔菅原　真(名古屋市立大学)〕
◆特別寄稿1　共和国思想を現代に〔三浦信孝(中央大学)〕
第II章　人権総論
　第1節　外国人の人権　解説〔菅原　真〕
　第2節　私生活の尊重を受ける権利　解説〔建石真公子〕
　第3節　生命倫理　解説〔小林真紀(愛知大学)〕
　第4節　生命に対する権利と身体の完全性　解説〔建石真公子〕
　第5節　平等原則 vs. パリテ　解説〔糠塚康江〕
◆特別寄稿2　「憲法か民法か」ではなく「憲法も民法も」〔大村敦志(東京大学)〕
第III章　人権各論(基本的権利・自由)
　第1節　精神的自由　解説〔清田雄治(愛知教育大学)〕
　第2節　経済的権利　解説〔多田一路(立命館大学)〕
　第3節　個人的自由　解説〔山元　一〕
　第4節　社会的権利　解説〔多田一路〕
第IV章　統治機構・権力分立
　第1節　国民主権と普通選挙　解説〔只野雅人(一橋大学)〕
　第2節　政府と議会　解説〔新井　誠(広島大学)〕
　第3節　財　政　解説〔木村琢麿(千葉大学)〕
　第4節　司法と権力分立　解説〔福岡英明(國學院大學)〕
第V章　地方自治・地方分権
　第1節　「分権国家」の地方自治原理の本質　解説〔大津　浩(成城大学)〕
　第2節　財政自主権の保障　解説〔小沢隆一〕
　第3節　住民投票の保障　解説〔市川直子(城西大学)〕
　第4節　海外自治体と地域の多様性の保障　解説〔長谷川　憲(工学院大学)〕
第VI章　憲法判断の手法と審査機能　解説〔今関源成(早稲田大学)〕
第VII章　QPC判決の展開
　解説〔南野　森(九州大学)・曽我部真裕(京都大学)・井上武史(岡山大学)・池田晴奈(近畿大学)〕

◆**フランスの憲法判例**
B5判・並製・484頁　定価:本体4,800円(税別)　ISBN978-4-7972-2229-6 C3332

フランス憲法院の重要判例67件を収録

◆**ヨーロッパ人権裁判所の判例**
B5判・並製・600頁　定価:本体6,800円(税別)　ISBN978-4-7972-5545-4 C3332

80判例と充実の解説・資料

◆**ドイツの憲法判例〔第2版〕**
B5判・並製・672頁　定価:本体6,500円(税別)　ISBN978-4-7972-1907-4 C3332

ドイツの主要憲法判例94件の解説

◆**ドイツの憲法判例II〔第2版〕**
B5判・並製・568頁　定価:本体6,200円(税別)　ISBN978-4-7972-3344-5 C3332

1985-1995年の重要ドイツ憲法判例の解説

◆**ドイツの憲法判例III**
B5判・並製・656頁　定価:本体6,800円(税別)　ISBN978-4-7972-3347-6 C3332

1996～2005年の主要86判例を掲載

〒113-0033　東京都文京区本郷6-2-9-102　東大正門前
TEL:03(3818)1019　FAX:03(3811)3580　E-mail:order@shinzansha.co.jp

信山社
http://www.shinzansha.co.jp

藤岡康宏 著

民法講義Ⅴ　不法行為法

A5変・上製・568頁　定価：本体4,800円（税別）　ISBN978-4-7972-1175-7 C3332

民法の基本的な仕組を不法行為から語る

民法は社会の基本法として、「財産の法」と「人の法」からなるが、民法の目的は両者あいまって社会の基本的な仕組みをつくり、人格の自由な発展の礎をきずくことにある。民法の長い歴史の中で、さらなる第一歩はどのようなものであるべきか。民法の役割について考える共通の場として送り出されるものが、『民法講義』である。《民法講義の構成》Ⅰ民法総論【続刊】Ⅱ物権法Ⅲ債権総論Ⅳ契約法Ⅴ不法行為法【既刊】Ⅵ　親族・相続法

【目　次】

第１部　不法行為法総論
　第１章　不法行為法の課題
　第２章　不法行為法の対象
　第３章　不法行為法の制度目的
　第４章　不法行為責任の基礎
　第５章　権利の法実現
　第６章　法の国際化と不法行為法
　第７章　不法行為法（民法）の学び方と不法行為法（民法）の創造
第２部　一般の不法行為
　第１章　一般の不法行為の構造
　第２章　権利保護の規範構造
　第３章　故意・過失
　第４章　不法行為要件の統一的構造
　第５章　不法行為責任を免れる場合
　第６章　権利保護の範囲（損害賠償の範囲）
第３部　権利の法実現の法
　第１章　総　　説
　第２章　人の法（人格権の保護）
　第３章　人格権保護の諸相
　第４章　環境の法（環境をまもるための権利の保障）
　第５章　財産の法（財産をまもるための権利の保障）
　第６章　契約の保護と競争利益の保護
第４部　不法行為法の複合的構造
　第１章　総　　説
　第２章　監督者の責任
　第３章　使用者の責任
　第４章　工作物責任
　第５章　動物占有者の責任
　第６章　共同不法行為
　第７章　特別法による事故被害者の救済
第５部　損害賠償
　第１章　総　　説
　第２章　損害の評価と損害賠償額の算定
　第３章　損害賠償額の調整
　第４章　損害賠償請求権の法実現
第６部　損害賠償と差止め
　第１章　総　　説
　第２章　差止めによる権利保護
　第３章　救済規範のあらたな構造

法の国際化と民法

A5変・上製・328頁　定価：本体4,800円（税別）　ISBN978-4-7972-1170-2 C3332

ローマ法にはじまり、ローマ法を超える試み

西欧法の継受にはじまる民法100年のあゆみを踏まえ、「法の国際化」と法伝統の緊張関係から、「法と権利」に関する問題と「法の国際化」を実現する法的仕組みを論ずる。「法理論と法実践の相互連関」構造を検討し、戦略的装置としての「法的判断の三層構造論」を導き出す理論的実践書。

〒113-0033　東京都文京区本郷6-2-9-102　東大正門前
TEL:03(3818)1019　FAX:03(3811)3580　E-mail:order@shinzansha.co.jp

信山社
http://www.shinzansha.co.jp

松浦好治・松川正毅・千葉恵美子 編

加賀山茂先生還暦記念

市民法の新たな挑戦

新書判・並製・112頁　定価：本体800円（税別）　ISBN978-4-7972-1985-7 C3332

市民法がもつ現在の理論的課題を考察

既存の枠にとらわれない自由な発想と徹底した考察により、幅広い領域で法学理論を築いてきた明治学院大学教授加賀山茂先生の還暦をお祝いする論文集。法情報学・民事手続法・消費者法・民法・会社法の各法分野の専門家による論考24篇を収録。情報の電子化、消費者被害、債権法改正、生殖補助医療などの最先端のテーマも含み、現在の社会で市民法が有する理論的課題に対する見解を示す。

【目　次】
◇Ⅰ　法情報学◇
比較法と法情報パッケージ〔松浦好治〕
◇Ⅱ　手　続　法◇
ドイツのレラチオーンステヒニクと民法教育──要件事実論との比較を見据えて〔福田清明〕
仲裁合意の法的性格と効力の主観的範囲〔大塚　明〕
当事者の視点に立った調停技法〔平田勇人〕
◇Ⅲ　消費者法◇
オーストラリアにおける消費者被害救済のあり方〔タン・ミッシェル〕
適合性原則違反の判断基準とその精緻化〔宮下修一〕
シ・プレ原則に基づく集団的消費者被害救済制度の構築〔深川裕佳〕
金融取引における不招請勧誘の禁止〔上杉めぐみ〕
◇Ⅳ　物　権　法◇
土地区画整理による所有権制限の根拠〔伊藤栄寿〕
物上保証人の事前求償権と免責請求権〔渡邊　力〕
被担保債権の弁済期後における不動産譲渡担保権者・設定者の法的地位
　──譲渡担保論のパラダイム転換を目指して〔千葉恵美子〕
◇Ⅴ　債権総論◇
無権利者に対する預金の払戻しと不当利得返還請求・損害賠償請求の意義〔中舎寛樹〕
倒産手続における弁済者代位と民法法理──代位取得された財団債権・共益債権と求償権の関係〔潮見佳男〕
◇Ⅵ　契　約　法◇
契約解除との関係における「危険」制度の意義〔山田到史子〕
契約締結上の過失責任の法的性質〔久須本かおり〕
転借人の不法投棄による土地の毀損と賃借人の責任〔平林美紀〕
役務提供契約の法的規律に関する一考察〔山口幹雄〕
複合契約取引論の現状と可能性〔岡本裕樹〕
シンジケートローン契約におけるエージェントの免責規定はどこまで有効か〔野村美明〕
◇Ⅶ　不法行為法◇
医療における「相当程度の可能性」の不存在とさらなる保護法益〔寺沢知子〕
◇Ⅷ　家　族　法◇
貞操義務と不法行為責任〔松川正毅〕
性同一性障害者の婚姻による嫡出推定〔水野紀子〕
事実に反する認知の効力〔床谷文雄〕
◇Ⅸ　会　社　法◇
株式の内容の事後的変更〔吉本健一〕

現代民法学習法入門　加賀山茂 著
A5変・上製・288頁　定価：本体2,800円（税別）　ISBN978-4-7972-2493-1 C3332
民法学習のための戦略的方法論を提供

現代民法担保法　加賀山茂 著
A5変・上製・738頁　定価：本体6,800円（税別）　ISBN978-4-7972-2684-3 C3332
人的担保・物的担保の総合理論を提唱

判例プラクティス民法Ⅰ　総則・物権　松本恒雄・潮見佳男 編
B5変・並製・424頁　定価：本体3,600円（税別）　ISBN978-4-7972-2626-3 C3332
効率よく体系的に学べる民法判例解説

〒113-0033　東京都文京区本郷6-2-9-102　東大正門前
TEL：03(3818)1019　FAX：03(3811)3580　E-mail：order@shinzansha.co.jp

信山社
http://www.shinzansha.co.jp

谷口民事訴訟法学の
理念と方法を整理

谷口安平 著

民事手続法論集　第１巻（上）

民事手続法の基礎理論Ⅰ

A5変・上製・394頁　定価：本体11,000円（税別）　ISBN978-4-7972-2641-6 C3332

〈本書の構成〉〔収録論稿著者解題〕第１部　民事訴訟法学方法論－比較民事訴訟法の課題・序説／民事訴訟法における歴史研究の意義／日本法と外法/WTO の貿易紛争処理手続 // 第２部　民事手続法における手続と実体－アメリカ民訴における新しい権利の生成／民事訴訟の目的／手続保障の基礎理論／民事裁判とフェアネス／権利概念の生成と訴えの利益／弁護士と法・事実／ほか１８編。

民事手続法論集　第１巻（下）

民事手続法の基礎理論Ⅱ

A5変・上製・388頁　定価：本体11,000円（税別）　ISBN978-4-7972-2642-3 C3332

〈本書の構成〉第３部　民事証拠法－監査人の責任の挙証責任転換／証明責任論／鑑定人の民事賠償責任 // 第４部　司法改革・法曹論－女子大学法学部論／司法研究所の教育／少数エリートとしての弁護士／欧米のロースークール事情司法改革／〈書評〉田中英夫著『ハーヴァード・ロースクール』ほか 11 件 // 第５部　判例評釈 20 件 // 既刊第３巻・第４巻〈解題〉// 外国語著作タイトル一覧

「若い頃に読んだ文献などに、民事訴訟法は技術的な方であるから商法などとともに他国への移植が容易であると、いった記述があった。その後この考えは全く誤りであることを確信するようになり、反対に民事訴訟法など、土着的な法はないと思うようになった。」（著者）

〈著者紹介〉
谷口安平（たにぐち やすへい）
1934年　京都市生まれ
1957年　京都大学法学部卒業
1959年　京都大学法学部助教授
1971年　京都大学法学部教授
1998年　帝京大学法学部教授
現　在　東京経済大学現代法学部教授・弁護士・京都大学名誉教授

谷口安平著作集〔全６冊〕

第１巻（上）民事手続法の基礎理論Ⅰ
　　　（下）民事手続法の基礎理論Ⅱ
第２巻　多数当事者訴訟・会社訴訟
第３巻　民事紛争処理
第４巻　民事執行・民事保全・倒産処理（上）
第５巻　民事執行・民事保全・倒産処理（下）

〒113-0033　東京都文京区本郷6-2-9-102　東大正門前
TEL:03(3818)1019　FAX:03(3811)3580　E-mail:order@shinzansha.co.jp
信山社
http://www.shinzansha.co.jp

南野 森 編

ブリッジブック法学入門〔第2版〕

A5変・並製・200頁　定価：本体2,200円（税別）　ISBN978-4-7972-2640-9 C3332

刑法を加えアップデイトした第2版

好評を博した"一風変わった"法学入門の第2版。各分野の動向にあわせた情報をアップデイトしたほか、刑法分野を新しく加えた。法学の基礎から"今"を語る最新のテーマまでを、信頼の執筆陣が語りつくし、法学の魅力を案内します。法学って何が面白いの？と感じている人に読んで欲しい入門書です。

【目　次】

Ⅰ　法学の基礎
第１章　法と法学
第２章　法と法学の歴史
第３章　法律と法体系
第４章　裁判制度とその役割
第５章　判例の読み方
Ⅱ　法学の展開
第６章　違憲審査制と国法秩序
第７章　保証人とその保護
第８章　会社とその利害関係者
第９章　民事訴訟における主張共通の原則
第10章　刑罰権の濫用防止と厳罰化
第11章　刑事訴訟の存在意義
第12章　社会保障法による医療の保障
第13章　著作権保護と表現の自由

ブリッジブックシリーズ

先端法学入門／土田道夫・高橋則夫・後藤巻則 編
法学入門／南野　森 編
法哲学／長谷川晃・角田猛之 編
憲　法／横田耕一・高見勝利 編
行政法（第２版）／宇賀克也 編
先端民法入門(第3版)／山野目章夫 編
刑法の基礎知識／ 町野 朔・丸山雅夫・山本輝之 編著
刑法の考え方／高橋則夫 編
商　法／永井和之 編
裁判法（第２版）／小島武司 編
民事訴訟法（第２版）／井上治典 編
民事訴訟法入門／山本和彦 著
刑事裁判法／椎橋隆幸 編
国際法（第２版）／植木俊哉 編
国際人権法／芹田健太郎・薬師寺公夫・坂元茂樹 著
医事法／甲斐克則 編
法システム入門（第２版）／宮澤節生・武蔵勝宏・上石圭一・大塚浩 著
近代日本司法制度史／新井勉・蕪山嚴・小柳春一郎 著
社会学／玉野和志 編
日本の政策構想／寺岡　寛 著
日本の外交／井上寿一 著

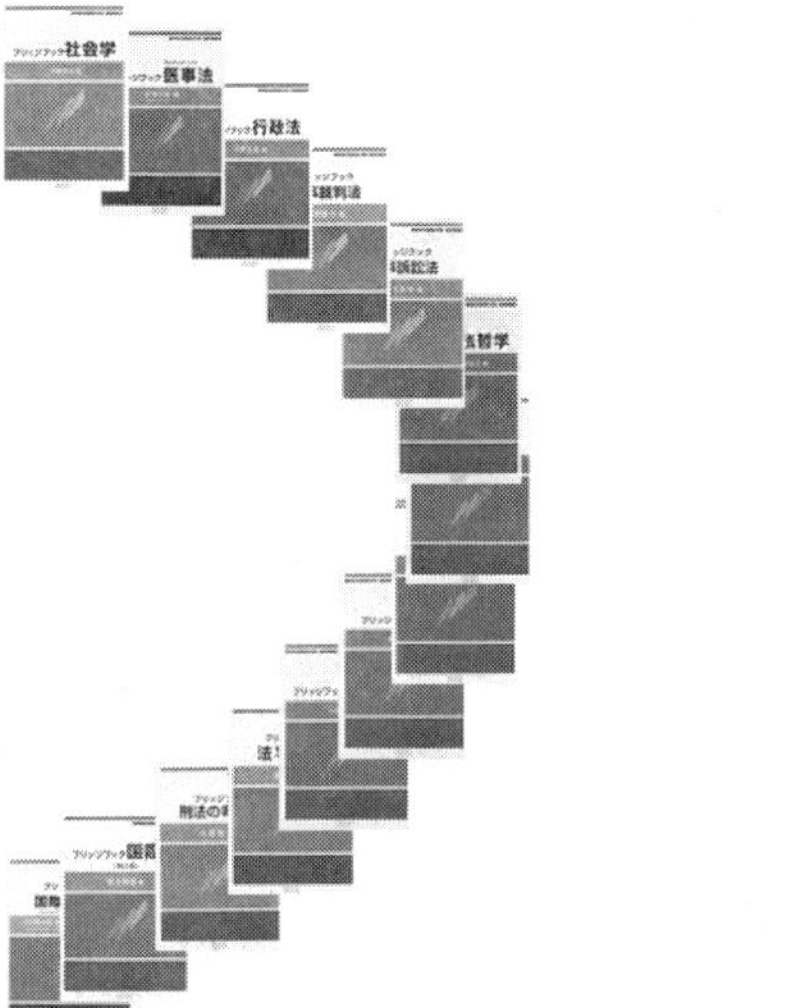

〒113-0033　東京都文京区本郷6-2-9-102　東大正門前
TEL:03(3818)1019　FAX:03(3811)3580　E-mail:order@shinzansha.co.jp
信山社
http://www.shinzansha.co.jp

丸山雅夫 著

ブリッジブック 少年法入門

四六変・並製・512頁 定価：本体2,600円（税別） ISBN978-4-7972-2344-6 C3332

少年司法システムの基本を学ぼう

少年司法システムの全体像を、シンプルな叙述で図表を用いながら分かりやすく概説しており、家裁調査官や社会福祉士など子どもに関する仕事の資格試験にも最適。また、ひろく非行少年問題に興味をもつ人が、近年の少年犯罪の凶悪化・厳罰化議論をより深く知り適切な批判の素材を得られるよう、少年法特有の考え方を丁寧に案内している。

【目次】
はしがき
序　章　少年司法システムの特殊性
　I　成人刑事司法と少年司法
　II　少年司法における2つの潮流と少年法制
第1章　日本の非行現象
　I　日本における少年非行の現状
　II　社会における厳罰化への動きとその背景
　III　犯罪少年の実名報道への傾斜
第2章　少年法制の独立と少年司法システム
　I　欧米の近代化と少年法制
　II　日本の近代化と少年法制
　III　旧少年法から現行少年法へ
第3章　少年法の基本構造
　I　少年法の法的性格と関連法令
　II　少年法の目的と理念
　III　少年法の特徴
第4章　少年法の対象
　I　少年法が扱う「少年」
　II　少年法が扱う「非行」
　III　少年法が扱う事件
第5章　非行少年の発見と家庭裁判所の受理
　I　発見活動の意義と発見主体
　II　発見活動の実際
　III　家庭裁判所による事件受理
第6章　少年保護事件手続I——観護と調査
　I　観護措置
　II　調査の意義と種類
　III　家庭裁判所調査官の社会調査
　IV　調査を経た事件の扱い
第7章　少年保護事件手続II——少年審判
　I　審判の意義と特徴
　II　審判の方式
　III　特殊な審判形態
　IV　試験観察
　V　審判を経た少年保護事件の扱い
　VI　事後手続
第8章　処遇（保護処分）過程
　I　保護処分の選択と付随措置
　II　保護観察処分
　III　児童自立支援施設・児童養護施設送致
　IV　少年院送致
　V　準少年保護事件
第9章　少年の刑事事件
　I　少年の刑事事件の意義と要件
　II　少年の刑事事件手続
　III　少年の刑事処分とその執行
終　章　少年法の動向
　I　少年法の改正と国際的動向
　II　少年法の将来と課題

ブリッジブックシリーズ

先端法学入門／土田道夫・高橋則夫・後藤巻則 編
法学入門／南野 森 編
法哲学／長谷川晃・角田猛之 編
憲　法／横田耕一・高見勝利 編
行政法（第2版）／宇賀克也 編
先端民法入門（第3版）／山野目章夫 編
刑法の基礎知識／町野 朔・丸山雅夫・山本輝之 編著
刑法の考え方／高橋則夫 著
商　法／永井和之 編
裁判法（第2版）／小島武司 編
民事訴訟法（第2版）／井上治典 編
民事訴訟法入門／山本和彦 著
刑事裁判法／椎橋隆幸 著
国際法（第2版）／植木俊哉 編
国際人権法／芹田健太郎・薬師寺公夫・坂元茂樹 著
医事法／甲斐克則 編
法システム入門（第2版）／宮澤節生・武蔵勝宏・上石圭一・大塚浩 著
近代日本司法制度史／新井勉・蕪山嚴・小柳春一郎 著
社会学／玉野和志 著
日本の政策構想／寺岡 寛 著
日本の外交／井上寿一 著

〒113-0033　東京都文京区本郷6-2-9-102　東大正門前
TEL：03(3818)1019　FAX：03(3811)3580　E-mail：order@shinzansha.co.jp

信山社
http://www.shinzansha.co.jp

園尾隆司（東京高等裁判所部総括判事）・須藤英章（第二東京弁護士会所属弁護士）監修

■民事再生書式集〔第4版〕■

B5判・並製・450頁　定価：本体5,600円（税別）　ISBN978-4-7972-5482-2 C3332

個人再生書式を収録してますます充実

圧倒的信頼度で好評だった「民事再生法書式集第3版」の全面改訂。巻末に「個人再生法書式」も収録してますます充実した。

第二東京弁護士会
倒産法研究会編集

上床　竜司	髙井　章光	古里　健治
江木　　晋	髙木　裕康	松村　昌人
大城　康史	長沢美智子	三森　　仁
野崎　大介	長谷川卓也	権田　修一
山本　　正		

【目　次】
第1章　申立の前後
　第1項　注意事項・スケジュール等
　第2項　申立前後の検討資料
第2章　再生手続開始申立関係
　第1項　申立時の債権者対応書類
　第2項　その他申立時準備書類
　第3項　保全処分その他財産保全の手続関係
　第4項　再生手続開始申立関係書類
　第5項　監督委員関係
　第6項　保全管理人関係
　第7項　調査委員関係
第3章　開始決定の前後
　第1項　開始決定に関する書類
　第2項　再生債権の弁済及び監督委員の同意書の関係
　第3項　文書の閲覧
　第4項　財産評定関係
　第5項　役員に対する責任追及等
　第6項　事業譲渡・会社分割制度
第4章　債権届出・調査・確定関係
第5章　再生計画およびその決議関係
第6章　担保権関係
第7章　債権者集会終了後の諸手続
第8章　管財人関係
第9章　簡易再生・同意再生関係

民事再生QA500 プラス300 〔第3版〕

B5判・並製・600頁　定価：本体6,800（税別）　ISBN978-4-7972-6065-6 C3332

企業再建の細部まで民再法に準拠して解説

須藤英章　監修
企業再建弁護士グループ　編

上床竜司・髙木裕康・三森　仁・江木　晋・長沢美智子・村田由里子・大城康史
野崎大介・山本　正・髙井章光・古里健治・渡邉光祓・松村昌人　編集

民事再生実務に役立つ好評書籍、待望の改訂第3版。新たに300のQ&Aをプラスし、計883の疑問点にQ&A方式で答えたわかりやすい形式の民事再生ハンドブック。倒産法制、会社法制の改正の運用成果を折り込み、民事再生法に関する典型的な項目を、「申立前」「申立て」「申立後の対応」という手続後の時間の流れに沿って解説し、再生債務者や申立代理人のみならず、監督委員や債権者等の関係者にも役立つ情報満載の実務書。

〒113-0033　東京都文京区本郷6-2-9-102　東大正門前
TEL：03(3818)1019　FAX：03(3811)3580　E-mail：order@shinzansha.co.jp

信山社
http://www.shinzansha.co.jp

東京大学新聞社 編

東大教師・青春の一冊

新書判・並製・292頁　定価：本体820円（税別）　ISBN978-4-7972-8111-8 C3332

今を生きる「若者」たちに向けて、約八〇名の東大教師が感銘を受け、みずからの血や肉としてきた本を紹介する。研究者としての進路を決めた本から、青春時代独特の葛藤の癒しとなった本まで。その語り口からは、一人の人間として悩み苦しみながら生きてきた、東大教師の等身大の姿が浮かびあがってくる。老若男女問わず、今なお青春時代を生きるすべての人たちにおくる一冊。

悩める青年達におくる！

東大教師の人生を変えた本

東大教師も悩んでいた――。
そんなときに出会った、
人生の道しるべとなった本を紹介。

第一章
『発生生理学への道』／『職業としての学問』／『物理学はいかに創られたか（上・下）』／『マルクス主義の地平』／『言語にとって美とはなにか』／『原点中国近代思想史（第二冊）洋務運動と変法運動』／『考えるヒント』／『月と六ペンス』
第二章
『チャランポランのすすめ』／「バタフィールド対フォレスター事件」『英米判例百選[第3版]』／『山麓集』／『戦前期日本経済成長の分析』／『国文学五十年』／『阿Q正伝』／『ソラリスの陽のもとに』／『歴史を学ぶ心』／『東洋史と西洋史のあいだ』／『キリスト教の修練』／『牧歌・農耕詩』／『塔の思想』／『生化学の夜明け』
第三章
『法の哲学』／『灯台へ』／『性の歴史I　知への意志』／『忘れられた日本人』／『ラテン・アメリカ――文化と文学』／『幕末社会論』／『無文字社会の歴史』／『砂丘が動くように』／『ソロモンの指環』／『どくとるマンボウ航海記』／『遺伝学重複による進化』
第四章
『君主論』／『経済原論』／『神　曲』／『視覚新論』／『存在と時間』／『マッハの恐怖』
第五章
『日本人とユダヤ人』／『共同研究　転向（上・中・下）』／『秋刀魚の歌』『殉情詩集　我が一九二二年』／『ショパン練習曲』／『Das Kapital』／『The Constitution of Liberty』／『響きと怒り』／『現代数学概説I』／『意思決定の基礎』／『民藝四十年』
第六章
『魔の山』／『他人の顔』／『資本論』／『世界をゆるがした十日間』／『チボー家の人々』／『アウトサイダー』／『正義とは何か』
第七章
『ユダの窓』／『南回帰線』／『未成年』／『感情教育（上・中・下）』／『高村光太郎』／『人間的な、あまりに人間的な』／『宮柊二歌集』／『わが西登記／鈴屋答問録』／『晩　年』／『うひ山ふみ』／『氷川清話』／『John Lennon／Plastic Ono Band』
第八章
『ツァラトゥストラ（上・下）』／『三色菫・溺死』／『背教者ユリアヌス（上・中・下）』／『戦争と平和（1～4）』／『ソロモンの指環』など／『音楽入門』／『生きがいについて』／『世界の終りとハードボイルド・ワンダーランド』／『記号論への招待』／『精神としての身体』／『丸元淑生のシステム料理学――男と女のクッキング8章』／『暗い青春・魔の退屈』／『青春の門』／『甘さと権力』／「青春の一冊」と出会わなかった幸せ／無数の書物が現在の精神を作る

〒113-0033　東京都文京区本郷6-2-9-102　東大正門前
TEL：03(3818)1019　FAX：03(3811)3580　E-mail：order@shinzansha.co.jp

信山社
http://www.shinzansha.co.jp